청소년을 위한

자존감 수업

청소년을 위한 **자존감 수업**

초판 1쇄 펴낸날 2019년 5월 25일

지은이 | 이형준

발행인 | 이종근

펴낸곳 | 하늘아래
주소 | 서울시 종로구 이화장1가길 6 부광빌딩 402호
전화 | 02-374-3531   팩스 | 02-374-3532
전자우편 | haneulbook@naver.com
등록번호 | 제300-206-23호

ISBN 979-11-5997-026-9 43190
Copyright ⓒ 2008, 2018, 하늘아래

값 13,500원

청소년을 위한

자존감 수업

이형준 지음

하늘
아래

삶의 방식을 바꿔야 자유롭다

— 나는 왜 공부하는 걸까?
— 나는 얼마나 노력해야 할까?

지각하지 않으려고 뛰어서 오고, 아침부터 지쳐서 책상에 엎드려 잔다. 새벽까지 잠을 못자고, 수업 중엔 졸다 혼나고, 수도 없이 잠을 참아가며 들리지 않는 수업 내용을 받아 적는 학생도 있다. 시험을 걱정하면서도, 시험만 빨리 끝났으면 좋겠다고도 한다.

그런데 왜 이렇게까지 노력하는 걸까? 정말 노력만 하면 될까?

열심히 노력은 하지만 정작 자기가 무엇을 원하는지 모르는 학생이 도처에 널려 있다. 눈앞에 닥친 공부를 그때그때 해결하긴 하지만, 그걸 왜 해야 하는지, 그게 어떤 의미인지 물어보는 학생은 만날 수가 없다.

우리가 노력하는 이유는 무엇일까? 나중에 더 행복하기 위해서 라고? 나는 열심히 노력하고 자신을 혹독하게 대하면서, '언젠가는 행복해지겠지'라고 믿는 사람들을 너무 많이 봐 왔다.

그런데 그러면 정말 행복해질까?

열심히 노력하면 할수록 더 힘들기만 하고, 헤매는 느낌은 들지 않았나?

우리는 날마다 '~을 해야 한다'로 가득한 세상에서 산다. 그게 왜 당연한지는 아무도 묻지 않는다. 나는 그걸 이해할 수 없다. 편하게 사는 사람들을 부러워하면서, 나는 열심히 노력하는 근면성실한 사람이 되어야겠다고 스스로 채찍질하는지 말이다.

진심으로 묻고 싶다. 그 채찍질, 아프지 않냐고.

나도 한때는 노력 강박증 환자였다. 노력하는 나 자신이 뿌듯하기도 했다. 몸이 힘들고 아프면 아플수록, '아 나는 정말이지 열심히 살고 있구나' 같은 생각을 할 정도였다. 그런데 그러면 그럴수록 나는 점점 불행해졌다. 불안했고, 그래서 노력했고, 그래도 내 노력이 부족한가 싶어 또 불안해하는 일이 끝도 없이 반복되었기 때문이다.

그러다가 생각했다. 지금 하는 방법이 맞는 걸까? 정말로 이런 식으로 행복이 오기는 할까?

날마다 질문하고 경험하면 할수록, 답은 분명했다.

행복은 그런 식으로는 찾아오지 않는다.

나는 이 책을 읽는 학생 여러분이, 정말로 의미도 모르는 것을 하느라 자신의 시간을 낭비하질 않기 바란다. 언젠가 올 행복을 위해 노력하지 말고, 지금 당장 자유롭고 행복하기를 바란다. 그게 이 책을 쓴 이유다.

이 책을 통해 당신은 스스로를 지킬 수 있다. 더 많은 일을 하기 전에, 어떤 일을 하지 않을 것인가를 생각함으로써 자신의 속도를 지키며 사는 법을 배울 수 있을 것이며, 자신을 소모하는 대신 자유를 배우고, 행복을 느끼며 살 수 있게 될 것이다.

이 책을 어떻게 읽어도 좋다. 그리고 이 책에서 제시하는 내용대로, 한 번에 안 된다고 풀이 죽을 필요도 없다. 마음을 비우고 자신이 하고자 하는 방향대로 천천히 해나가면 그만이니까.

학생들이 공부를 해서 행복한 게 아니라, 행복하기 때문에 열심히 공부할 수도 있
지 않을까? 자유로움을 추구하는 과정에서 자기 스스로 주인이 되는 경험을 할 수 있지 않을까?

그런 날이 하루 빨리 오기를 기대한다.

목차

1장

삶에서 내몰린 아이들

1. 할 수 있는 게 없다고 말해줘서 고맙다는 학생
2. 학교 공부에 끌려 다니는 아이들
3. 학생들의 희생이 미덕인 세상

1.
할 수 있는 게
없다고 말해줘서
고맙다는 학생

나는 고등학교에서 일한다. 이 글을 쓰는 지금은 담임도 맡고 있다. 담임들은 학년 초에 학생 상담부터 시작한다. 학생들을 불러 일대일로 상담을 하는데, 그 중 한 명이 나에게 이런 말을 했다.

"선생님은 솔직해서 좋아요"

이게 도대체 무슨 말인가 싶었다. 그래서 무슨 뜻이냐고 물어보았더니 이런 대답을 한다.

"예를 들면 방과 후 수업 신청 같은 거요. 다른 선생님들은 온갖 이상적인 말씀으로 왜 수업을 들어야 하는지 말씀해주세요. 그런데 선생님은 너희가 결정할 수 있는 건 없다고, 과목마다 전부 동그라미 치고 신청서 내면 된다고 처음부터 말씀해주잖아요."

생각해 보니 그랬던 것 같다. 방과 후 보충수업 신청서를 받으면서 그렇게 말해줬었다. 그 학생의 표정이나 대화 분위기로 보건대 나를 비꼬는 말이 아닌 것은 분명했다. 하지만 그 대답은 나로 하여금 많은 생각이 들게 했다. 여러 생각이 든 이유는 다음과 같다.

첫째, 방과후 수업 신청은 어디까지나 본인이 희망해서 신청해야 한다.
둘째, 그러나 그건 이상론이고, 학교 분위기상 실제로는 전부 신청하라고 해야 한다.
셋째, 나는 그런 분위기에 동조해서 학생들의 선택권을 박탈했다.

아마 그 학생은 읽었을 것이다. 내가 "너희가 할 수 있는 건 없어"라고 말할 때의 말뜻을. 그 학생이 나에게 반발하지 않고 도리어 고맙다고 했던 건, 나와 자신의 현실을, 밑바닥까지 들여다보았기 때문이었을 것이다.

보충수업이 한 달쯤 진행되고 나서 교육청에서 공문이 왔다. 방과 후 수업 신청에 관한 공문이다. 학생들의 자유 의지에 반해서 신청을 받지 말라는 내용이었다.

하지만 교사들은 알고 있다. 방과 후 수업 신청 학생 숫자가 적은 반은 담임이 애들을 휘어잡지 못하고, 애들한테 끌려다닌다는 소리를 듣는다는 것을 말이다. 인문계에서 애들 자유롭게 해주는 교사는 자기 의무를 망각한 교사가 되니까.

애들을 붙잡아놓고 하나라도 더 가르쳐라, 애들이 뭘 아냐, 그 나이 때 놀고 싶지 않은 애가 어디 있느냐, 그러니까 그럴수록 교사들이 애들 더 열심히 통제해야 할 것 아니냐는 논리는 지겹지만 언제나 무적이다. 그리고 부끄럽게도 나 역시 그런 논리에 동의하지 않으면서도 못 이기는 척 따라갔던 것이다.

학생들은 할 수 없는 것이 너무 많다. 그러나 인간관계에서의 불편함을 감수하더라도 이제는 어른들에게 자기 의견을 내는 것에 대해 고민해봐야 하지 않을까? 모두가 침묵한다면 그게 곧 동의인 줄 아는 어른도 많으니까 말이다. 방과 후 수업이 굳이 필요 없으면 필요 없다고 이야기할 수 있어야 한다고 생각한다.

하지만 아쉽게도 우린 그런 상황에서 그냥 포기하고 만다. 마치 익숙한 것이 옳은 것처럼 생각하면서.

물론 자기 입장을 분명히 밝히는 학생도 있기는 하다. '무엇이 필요하다, 무엇은 나에게 어렵다' 라고 말이다. 당연히 나 역시 교사로서 입장이 있기에 모든 것을 들어줄 수는 없다. 그러나 이런 건 있다.

그런 학생들이 나에게 뭔가 필요한 것을 말할 때 그리고 그것을 내가 거절해야 할 때, 거절하면서도 나 역시 그런 학생을 쉽게 보지 못하게 된다는 것이다.

당신이 용기를 내어 말하는 게 힘들 수도 있다. '우리 부모님은 말이 안 통해요', '우리 선생님은 무조건 안 된다는 말부터 해요' 라고 할지도 모르겠다. 그러나 받아들여지지 않더라도 자신의 생각을 말하는 것은 분명 필요하다. 상대방이 받아들이지 않더라도 내가 원하는 것을 계속 말하라. 그래야 상대가 당신을 쉽게 보지 못하게 된다.

덧붙이는 말 : 참고로 지금은 방과후 수업을 신청하지 않겠다는 학생은 굳이 신청하라 하지 않는다. 아무리 생각해도 그것이 옳은 것이라 생각하기 때문이다. 자유로이 선택하고 자기 선택에 책임

을 지게 하는 연습은, 허용과 긍정의 태도에서 시작하는 것이니까 말이다. 그래서 앞으로는 '선생님은 솔직해서 좋다' 라는 말 대신, '선생님은 우리를 존중해주어서 좋다' 라는 말을 들어야겠다고 생각했다.

2.
학교 공부에
끌려 다니는
아이들

내가 가르치는 학생들은 밤 10시에 야자가 끝나면 학원 갔다가 1시에 집에 와서 잔다. 기숙사 사는 학생들은 2시에도 잔다. 기상 시간은 6시 반쯤이란다. 원, 세상에나. 군대 생활을 10대에 경험하고 있다니.

잠을 좀 더 많이 자라고 열심히 권하지만 학생들은 자고 싶다고 하면서도 잠은 안 잔다고 한다. 성적 떨어질까 무섭기 때문이다(그러면 수업 시간에도 자질 말든가). 그럴 때마다 나는 이렇게 말해 준다. "너희들이 열심히 공부해서 서울대에 간다고 치자. 그러면 대기업에 가겠지. 그리고 40대쯤 잘리겠지. 그리고 받은 퇴직금으로 치킨집 차리겠지. 결국 니들이 열심히 공부하는 건, 치킨집 사장님이 되기 위해서야. 괜찮으니 걱정 말고 자"

이 말은 농담이 아니다. 애초 객관식 시험으로 무슨 사고력을 측정한단 말인가. 그런 시험으로 뽑힌 학생들의 결과야 뻔하다. 주어진 대로 일하다가 필요 없으면 잘리는 것이다. 그렇게 회사 밖으로 나오면 우왕좌왕한다. 주어진 대로 일만 했지, 자기 생각이란 것을 가져본 적도, 성공해 본 적도 없기 때문이다. 이것은 예언도, 저주도 아니다. 이미 그런 사람들이 주변에 널려 있지 않은가.

일본에서 유행하는 공부법에 관한 책들의 특징이 있다. 빠른 결과를 내는 속성 공부법을 주로 다루는데, 내용이 객관식 문제에 최적화되어 있다. 물론 그것은 그것대로 효과가 있다. 그러나 거기에 생각하는 과정은 없다. 그저 문제를 빨리 풀고 답만 외우라는 내용뿐이다. 이게 왜 문제냐 하면, 문제 상황이 발생했을 때 그것을 극복하기 위한 방법을 '생각' 할 수 없기 때문이다. 단순히 객관식 문제 열심히 풀어서 인생 잘 풀리는 사람도 있겠지만, 우리 모두 안다. 진짜 인생의 위기는 언젠가 반드시 찾아온다는 걸. 그럼 그때는 어떻게 할 건가. 지금까지 살면서 인생의 문제가 객관식으로 다가왔던 경험이 있었는지 생각해 보라.

학생들은 내 말을 믿지 못한다. 당연하다. 부모 세대가 세상이 바뀌었는데도 여전히 자기 세대의 성공 방식을 주입했기 때문이다. 수많은 자기계발서들이 왜 전혀 공감도 안 되는 '노오력' 같은 소리나 하고 있는가? 왜 성격을 일에 맞추라고 강요하는가? 그 역시 당연하다. 저자들이 그 방식 외엔 경험해 본 것도 없고, 아는 것도 없기 때문이다(나는 그들이 사이비 교주와 어떤 차이가 있는지 도무지 모르겠다). 내 말을 못 믿겠으면 학교 현실을 곰곰이 생각해 보기 바란다. 인문계 학교는 올해 명문대에 몇 명 보냈나에 목숨 걸지만, 정작 그 학생들이 그 학교에 가서 어떤 생활을 하고 있는지는 관심이 없다. 삶에서 당면한 문제를 제대로 해결하며 씩씩하게 살고 있는지 어떤지는 관심 밖이다.

이런 식의 교육은 바뀌어야 한다. 그러나 아무리 교육 과정을 바꾸고 입학사정관 제도에, 자유학기제, 수행평가만으로 성적 내기 같은 온갖 기상천외한 방식을 도입해도 현실은 어림없다. 왜냐고? 간단하다. 수능이 여전히 객관식 5지선다형이기 때문이다.

그럼 어떻게 해야 하는가? 너무 뻔한 이야기 같아 미안하지만, 최대한 즐겁게 공부하라고 말하고 싶다. 성적이 안 나오면 안 나오는 대로 받아들여라. 그게 내 가치를 결정하는 것은 결코 아니니까. 정 먹고 사는 문제가 벌써부터 걱정되면, 성적 올릴 생각보다 실력을 키울 생각부터 해라. 실력을 키운다는 건 한 분야를 정해서 그

분야의 책을 계속 읽고, 생각하고, 실제 연습한다는 뜻이다. 이게 끝이다. 내가 사장이라면 한 분야에 정통한 인재를 학벌 좋은 인재보다 먼저 뽑는다. 이유는 간단하다. 그 편이 성과를 더 잘 낼 것이기 때문이다.

이런 사고방식을 익히지 않고 왜 하는지도 모르는 역설법 찾기나 시의 주제 파악하기를 백날 해봐야 소용없는 일이다.

덧붙이는 말 : 치킨집 사장님이 나쁘다는 말이 아니다. 애초 목표가 치킨집 사장님이 되는 게 아니라면, 의미를 추구하지 않는 노력은 헛되다는 말이다.

3.
학생들의
희생이
미덕인 세상

언젠가 나이가 많으신 선생님과 대화를 하게 되었다. 고등학생들이 잠을 자는 시간이 너무 적어서 불쌍하다고 하자, 그분은 이런 말씀을 하셨다.

"선생님도 그렇게 교사된 거잖아요. 그리고 계속 그렇게 공부해야 뒤에 버티는 힘이 생기지"

세상은 자꾸 변하는데, 왜 학교만 변하지 않으려 할까. 나는 군대와 학교 중 어느 곳이 더 보수적일까 궁금할 때가 있다.

아무튼 그분은 교감 선생님이 되기 위해 준비하는 분이었는데,

개인적으로 그분을 좋아하고 말고를 떠나 그런 분은 제발 관리자로 승진이 안 되었으면 하고 진심으로 빌었다(하지만 그런 사람은 꼭 승진도 빨리한다는 점이 세상살이의 서글픈 점이다).

내가 전에 연수 받는 동안 어떤 강사분이 그런 말씀을 하셨다. 미국 학생들이 깨어 있는 시간보다 우리나라 학생들이 책상 앞에 앉아 있는 시간이 많다고. 도대체 얼마나 더 앉아 있어야 이 땅의 학생들은 인생을 잘 살 수 있는 걸까.

내가 고생을 얼마나 했든, 왜 남도 나만큼 고생해야 하는가. 참 이상한 생각이다. 고생한다고 행복해지는 것도 아닌데 왜 그렇게 학생들을 괴롭히고 싶어 안달인지 모르겠다. 15시간 가까이 학생을 꼼짝도 못하게 하면서 '자, 이제부터 너희는 창의적인 인재로 자라나야 한다'고 잘도 말하는 사람들이 있다. 이쯤 되면 이런 위선도 없다.

내가 하루 15시간 이상 학교에 남아 공부했으니 앞으로의 세대도 그래야 한다면, 도대체 이 사회는 더 좋아지고 있기는 한 걸까? 학생들이 하루 8시간을 공부해도 행복하게 살 수 있는 사회를 물려주지 못한 것에 대해, 어른들은 먼저 미안해해야 하는 것은 아닐까?

주당 40시간을 근무하자고 하는 어른들도, 주 5일제 근무를 찬성하는 어른들도, 학생들이 하루 15시간 이상 공부하는 상황에 대해서는 왜 관심이 없을까. 왜 주말에도 공부해야 하는 상황에 대해서는 말이 없을까? 청소년이 쉬어야 한다고 하면 뭔가 문제가 있다고 이해하는 사람들이 아직도 많다. 그런 말을 하는 어른들은 자기들이 일을 안 하면 국가 경제에 막대한 지장이 온다고 생각하고, 그래서 과연 주말도 없이 죽도록 일해야 한다고 굳게 믿고 있는 건지 궁금하다.

사람이 공부를 하고 일을 한다는 건 행복을 느끼기 위해서다. 하지만 그렇게 살지 못한 사람은 살아가는 과정이 즐겁지 않으니까, 삶의 가치를 느끼지도 못한다. 느껴보지 못한 채 어른이 되고, 자기가 아는 세계가 그것밖에 없으니 '너도 그렇게 해라'가 된다.

내가 야간 자율학습을 하는 학생들을 보면서 느끼는 감정은 '이 시간까지 남아서 공부하는 학생들이 대견하다'가 아니라 '쟤들도 불쌍하네' 정도의 감정이다. 어른이 폭력을 휘두르는 세상에서(심지어 자기가 폭력을 휘두르는지 알지도 못하고 있다), 아이들은 아무 말도 못하고 폭력을 감당한다. 예를 들어 학생 인권 조례를 폐지를 주장하는 사람도 많지만, 원래 인권이란 사람이라면 누구나 누릴 권리다. 오히려 학생만 따로 떼어 인권 조례를 만들어야 하는 상황 자체가 이상한 것이다. 얼마나 학생이 보호받고 있지 못한지를 보여주는 상황이잖은가.

오늘날 교사의 권위가 떨어진 건 사회 전체가 교사를 매도하기 때문이지, 딱히 학생만의 문제는 아니라고 생각한다. 교권 조례 제정을 추진하고, 학생 인권 조례를 만드는 일보다 우선되어야 하는 건, 인권 전체에 대한 감수성을 키우는 것이어야 한다.

젊을 때는 사서 고생을 한다는 말이 있지만, 이것은 다양한 경험을 애써 해보라는 말이지, 부당한 대우를 참아야 한다는 말이 결코 아니다. 하고 싶지도 않은 야자를 하는 부당한 사회 속에 자란 학생이 사회에 분노를 갖는다. 더 나아가 '나 때는 너희 때보다 훨씬 고생했어'라는, 고생이 자랑인 듯 말하는 꼰대 마인드도 그대로 물려받을까 걱정이다.

우리가 커서 그토록 싫어하는 이 사회의 '꼰대'가 되지 않으려면 주어진 현실에 맞추어 착하게만 사는 것만으론 불가능하다. 부조리에 저항하고, 나를 지키며, 정신이 자유롭기 위해 끊임없이 노력해야 한다. 현실이 편하다고 거기에 적응하는 순간, 당신 역시 당신이 그토록 싫어하는 꼰대가 된다.

더 이상 학생의 희생이 미덕이어서는 안 된다. 죽도록 노력하다가 정말 죽어버리는 학생들이 수능시험 날 또 나오면 곤란하니까 말이다.

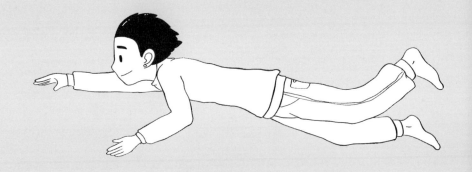

1.
자존감은
무엇일까?

　앞의 1장의 사례들을 말한 이유는 우리가 그러한 경험을 하게 되면서 자존감이 낮아진다는 점을 이야기하고 싶었기 때문이다. 우리는 무언가 '된다' 보다 '안 된다' 에 더 익숙하니까 말이다.

　자존감을 좀 더 잘 이해하기 위해 『프레드릭』이란 그림책을 소개한다. 거기에는 들쥐 가족이 등장하는데 이들은 추운 겨울을 나기 위해 곡식을 모으고, 열매를 모으고, 짚을 모은다. 그런데 그 와중에 빈둥대는 한 들쥐가 있다. 주인공 프레드릭이다. 다른 들쥐들은 그런 프레드릭에게 뭘 하고 있는 거냐고 묻는다. 그러자 프레드릭이 대답한다. '춥고 어두운 겨울날들을 위해 햇살을 모으고, 온통 잿빛인 겨울을 위해 색깔을 모은다' 고.

마침내 겨울이 되고, 들쥐들은 집에 모여 그간 모았던 곡식과 나무열매를 조금씩 갉아먹었다. 식량이 거의 바닥이 났을 때, 들쥐들은 프레드릭이 햇살을 모은다고 했던 것을 기억해 낸다. 그래서 햇살은 어떻게 되었냐고 묻자, 프레드릭은 햇살 이야기를 들려준다. 그러자 들쥐들은 온몸이 따뜻해짐을 느낀다. 또 프레드릭이 색깔에 관한 이야기를 들려주자 들쥐들은 집안의 칙칙한 잿빛 대신 다채로운 색깔을 볼 수 있게 된다.

프레드릭이 들려주는 이야기는 매우 아름다워서, 들쥐들은 프레드릭을 시인이라 칭찬하고, 프레드릭은 얼굴을 붉히면서도 "나도 알아"라고 대답한다는 내용이다.

이 이야기에서 생각해 볼 점이 두 가지가 있다. 하나는 프레드릭이 빈둥거리는 것처럼 보일 때, 다른 들쥐들이 화를 내는 게 아니라 이해를 해준다는 점, 또 하나는 프레드릭이 "나도 알아"라고 대답할 수 있었다는 점이다. 첫 번째를 '관용'이라 한다면 두 번째는 '자존감'이라고 할 수 있다. 여기서 나는 두 번째인 '자존감'에 대해 이야기 하려 한다.

자존감에는 몇 가지 정의가 있지만, 나는 자존감을 '자기 자신을 귀하게 여기는 마음'이라고 생각한다. 이때 자신을 귀하게 여긴 다는 건 어떠한 조건에도 상관없이 자신을 소중히 여긴다는 뜻이다. 다시 말해 지위, 성적, 부와 같은 것 때문에 자신을 사랑하는 게아니라는 말이다.

프레드릭은 남들처럼 곡식이나 열매를 모으지 않는다고 다른 들쥐들의 눈치를 보지 않았고, 스스로도 그것을 부끄럽게 여기지 않았다. 대신 자기가 할 수 있는 일을 했다. 남과 다름을 알고 자신이할 수 있는 일을 했던 것이다.

자존감을 갖는다는 건 이렇게 자신을 긍정하는 것이기도 하다. 내가 하는 일이 당장 남들의 기대와 맞지 않더라도, 주변에 휩쓸리지 않고 그저 하고 싶은 일을 해나갈 때, 자존감이 커간다.

만약 프레드릭이 자신과 남의 차이점에 대해서 열등감을 느꼈다면 마지막에 "나도 알아" 같은 멋진 대답은 어려웠을 것이다. 우리는 그런 대답을 쉽게 못한다. 건방지다고 생각하기 때문이다. 대신우린 '에이, 뭘요' 같은 시시한 대답을 한다.

"그건 프레드릭을 이해해주는 들쥐들이 주변에 있었기 때문이 아닌가요?"

이렇게 반문을 할 사람이 있을지도 모르겠다. 확실히 그럴지도 모른다. 프레드릭은 운이 좋았다. 자신이 무엇을 하든 다른 들쥐들은 거기에 불평하지 않았다. 들쥐들은 프레드릭에게 햇살을 모을 시간에 먹이나 모으라고 잔소리도 하지 않았다.

그러나 기억할 것이 있다. 계속 반복해서 말하지만 자존감은 남이 나를 어찌 대해주느냐에 따라 달린 것이 아니다. 도리어 내가 나를 얼마만큼 이해하고 긍정하느냐에 달린 일이다.

살면서 남의 생각을 바꾼다는 건 쉽지 않은 일이다. 그렇다면 남의 생각을 바꾸려 억지로 노력하는 대신, 남들이 뭘 원하든 그저 내가 하고 싶은 일을 하면 되는 것 아닐까.

자, 다시 정리해 보자. 자존감은 능력과 상관없다. 자신이 무엇을 할 수 있든 없든,
현재 자신의 상태가 어떠하든, 남들의 기대에 맞춰 내가 해줄 수 있는 게 있든 없든
말이다. 자존감은 능력이나 환경이 아니라, 존재 그 자체에서 나오기 때문이다.

그러니 내가 지금 당장 남과 다르다거나, 부족해 보인다 해서 걱정할 필요는 없다. 내가 남보다 독특한 걸 인정해주는 사람 속에 있지 못하다 해도, 그것이 내가 문제 있다는 것은 아니며, 내 자존감이 깎일 일은 더욱 아니다.

2.
존재만으로
가치 있다

만약 내가 당신과 길거리를 걷고 있다 치자. 그리고 중간에 장애인을 만났다고 치자. 내가 장애인을 가리켜 "저 사람은 불구라서 돈을 제대로 못 버니 쓸모가 없는 사람이다"라고 말한다면 당신은 나를 어떻게 생각할까? 아마 다시는 만나고 싶어 하지 않을 것이며, 교사로서의 자질 이전에 내 인간성부터 의심할 것이다.

우리는 상대가 얼마나 가졌든, 그것과 상관없이 존재 자체로 가치를 따져야 한다는 사실을 잘 안다. 그런데 사람들은 남에 대해서는 그토록 관대하면서, 왜 자기 자신에겐 비판적일까? 남이 가치가 있으면, 나 역시 가치가 있다.

내가 학생들에게 '너도 가치가 있어'라고 말하면 대개는 열심히, 그야말로 열심히 부정을 한다. 가장 먼저 튀어나오는 대답은 '전 공부를 못해요'이고, 그 다음은 '전 못 생겼어요', '운동을 못해요', '끈기가 없어요' 등등 자신의 부족한 부분을 드러내려고 한다. '애는 그 동안 받은 관심과 사랑이 부족한 걸까' 싶어 보고 있기 불편할 정도다.

겸손과 자기 비하를 구분을 못하는 사람이 있다. 구분할 자신이 없으면 차라리 겸손하지 말라고 말하고 싶다. 그런 태도가 당신의 가치를 갉아먹는다. 그런 사람에게 무슨 매력이 있겠는가. 겸양(謙讓)도 지나치면 예의가 아니다.

존재만으로도 가치가 있다는 이야기를 사람들은 왜 믿지 않는 걸까? 아마 조건이 달린 칭찬을 너무 많이 들었기 때문은 아닐까? 가령 어렸을 때부터 '공부를 잘하는 누구누구는 좋은 학생'이라는 말을 듣고 자라면, 모든 가치가 '나'가 아니라 '공부'에 쏠리는 게 당연하고, 어쩌다 성적이 잘못 나오기라도 하면 심각한 자기 비하에 빠져버린다. 삶의 초점을 잘못 맞춰서 일어난 일이다.

사람을 비용이나 효율성으로 따지는 방식은 애초에 70년대 사고방식이다. 70년대는 산업화의 시대였다. 공장에서 무언가를 찍어

내는 노동자들은 일정 시간 동안 더 많은 일을 하도록 요구받는다. 한 시간에 물건 100개를 생산하면, 80개를 생산하는 사람보다 우수한 사람이다. 눈에 보이는 생산량이 높아야 한다는 뜻이다. 극단적으로 말하자면, 조건부 칭찬은 '쟤는 돈으로 환산하면 얼마짜리네' 라는 뜻으로도 해석이 가능하다. 세상이 아무리 막 돼 먹었어도, 나는 이건 아닌 것 같다.

존재만으로 가치 있다는 말은 위로하고자 하는 말이 아니다. 그것이 사실이기 때문에 하는 말이다. 사람의 욕심은 의도적으로 통제하지 않는 한 끝이 없어서, 점점 많은 것을 요구하게 된다. 그런데 처음에는 태어나줘서 고맙다고 하더니, 나중에는 공부를 잘해서, 그다음엔 일류대에 들어가서 고맙다고 한다면, 자식 입장에서는 당연히 부모의 사랑을 전적으로 신뢰할 수 없지 않을까?(대학 나온다고 딱히 잘 먹고 잘사는 것도 아니고, 출신 대학에 상관없이 기업들은 그런 인재들을 재교육하는데 돈이 너무 많이 든다고 투덜거리는 게 현실이다)

그럼 학생들은 어떨까. 학생들은 성적으로 압박을 받기 싫어하면서도, 좋은 성적에 목숨을 거는 이중성을 보인다. 좋은 성적이 아니면 실망을 하고, 반에서 몇 등을 했는지에만 관심이 있다. 그 점수가 왜 필요한지, 무엇을 하고 싶은지 진지하게 찾는 학생을 보기 힘들다. 정말로 자신이 받는 점수가 어떤 의미인지, 왜 필요한지 단 1분이라도 진지하게 생각해 보는 학생이 있었으면 싶다.

항상 '조건에 상관없이 나는 가치 있다' 는 믿음이 좋은 이유가 또 있다. 설령 내가 시도한 일이 뜻대로 안 되어 출발점으로 돌아와도 아무 문제가 안 되기 때문이다. 대개의 사람들은 머리로 고민만 한다. 나쁜 점은 '생각' 이 아니라 '고민' 을 한다는 것이다. 나에게 찾아오는 학생들의 고민. 이러저러한 것을 해보고 싶은데, 잘 안될까 봐 겁난다는 것. 그럴 때 내 대답은 "그냥 해" 이다. 해보고 안 되면 경험을 얻었다고 생각하면 된다. 그리고 실패하면 다른 때에 다시 도전해도 될 일이다. 나 역시 그런 일이 수없이 많다. 그러나 대개의 학생들은 그렇게 못한다. 실패해도 별 일도 없는데, 무슨 큰일이라도 있는 것처럼 군다. 이것은 '존재' 가 아니라 '결과' 에 가치를 두기 때문이다.

나는 교원 임용 시험을 4번인가 5번인가 봤다. 몇 번을 쳤는지 정확히 기억도 안 난다. 그 사이에 다른 일을 하면서 돈도 벌었고, 특히 과외 강사를 하면서 많이 벌었다. 일주일에 이틀을 잠깐 일하면, 지금 내 월급의 2/3를 벌었으니까 결코 적게 벌었다고는 할 수 없을 것이다. 수업 전 미리 공부를 해야 했지만, 그거야 원래 임용 시험을 치기 위해서라도 해야 하니까 별로 문제 될 게 없었다.

적당히 일하거나, 혹은 놀면서 공부하느라 계속 시험에 떨어지면서도 공부를 계속할 수 있었던 이유는, 그저 공부가 재미있었기 때문이다. 나는 정말이지 어떤 것이든 배우는 일이 재미있다. 물론 이때에는 남이 강요한 것이 아니라 내가 선택한 것이라는 조건이 붙긴 하지만. 사실 그게 꼭 국어일 필요도 없었다. 지금 생각하면 아무거나 해도 재미있게 공부했을 것이다.

내가 오랜 시간의 공부를 끝낼 수 있었던 이유는, 당시 사귀고 있던 여자친구의 이별 통보 때문이었다. 그 사람은 내게 교사가 되지 못한 사람은 가치가 없다는 내용을, 아주 신랄하게, 그리고 일방적으로 퍼붓고는 자리를 떠났다. 다른 잘 나가는 남자들과의 비교와 함께.

여기까지 읽은 당신은 내가 '꽤나 비참한 기분을 느꼈겠구나' 하고 생각할 수도 있겠다. 그래서 내가 그런 감정을 느꼈냐고? 천만에, 그렇지 않았다. 그보다 내가 한 생각은 '내가 그렇게 하찮을 리가 없는데, 왜 저 사람은 날 제멋대로 평가할까' 였다.

그래서 과외를 반으로 줄이고 공부를 시작했다. 스톱워치로 하루 평균 16시간을 찍었다. 많은 날은 18시간 넘게 공부한 날도 있었다. 그 해 유일하게 9시간을 공부한 날이 있었는데, 머리 수술을 한 날이었다. 큰 수술은 아니어서 국소 마취를 했고, 의식이 있어서 수술 중에 혼자 머릿속으로 문법 내용을 정리했었다. 그렇게 해서 그 해 합격했다.

만약 내 가치를 '존재'가 아니라 '결과'에 맞췄다면 어땠을까. 아마 그때까지의 '실패'라는 결과에 실망하고 멈추지 않았을까. 내가 내 존재에 대한 확신이 있을 때 노력도 가능하다. 그러니 당신도 기억해 달라. 때때로 멈추더라도 그건 멈춘 것이지 포기한 것은 아니라는 점을 말이다. 어른이 되어 보면 안다. 지금 하고 싶은 일을 하다가 멈춰야 하는 순간은 자주 온다. 가령 음악을 하다가 먹고 살아야 하는 문제 때문에 회사원이 될 수도 있다. 그러나 그것이 그 사람의 음악에 대한 실패, 재기 불가능을 이야기하는 것은 아니다. 음악을 다시는 하면 안 된다고 누가 정해놓은 것도 아니잖은가. 내가 놓지 않는 한, 아무것도 놓은 것이 아니다. 원하는 것을 할 수 있을 때까지 시간이 오래 걸린다 해도, 시간은 내 편이라고 생각하고 느긋해야 한다. 행운은 조급한 사람이 아니라 여유 있는 사람을 좋아한다.

그러니 반드시 기억해야 한다. 무엇이든 할 수 있는 나는 가치 있다는 사실을. 지금 눈에 보이는 일을 여러 번 시도하지 않아서일 뿐, 언젠가는 할 수 있는 일이라고 말이다. 당신의 현재 조건과 상관없이, 당신은 자신의 가치를 인정해야 한다.

3.
긍정의 방법,
아무거나
선택하기

　코이케 류노스케 스님의 책을 읽어보면(어떤 책인지는 오래되어 잊어버렸다) 선택이란 부질없는 것이라고 한다. 왜냐하면 뭘 선택해도 마찬가지이기 때문이라는 것이다. 생각해 보니 과연 옳은 말씀이다. 우리는 날마다 선택하지만, 나중에는 우리가 뭘 선택했는지조차 잊어버린다.

　살다 보면 매일 같이 선택을 한다. 대개의 경우 그런 것들은 '어느 것이 더 나은가' 정도다. '무엇을 하지 않으면 엄청난 손해를 보는 일' 같은 경우 같은 건 잘 없다. 어느 것이 더 나은가를 고민할 때 나는 '아무거나' 를 택한다. 그냥 '아무거나' 라고 하면 그건 그것대로 힘들기 때문에 '처음 생각난 것' 을 고른다. 거기에는 '내 마음이 원하는 게 그거'라는 이유가 있다. 고민의 시간은 짧아야 한다. 어떤 것을 선택하든 문제가 안 되기 때문이다.

예를 들어 보자. 비 오는 날 점심을 '짜장면을 먹을까, 짬뽕을 먹을까'를 고민할 순 있지만 어느 쪽을 택해도 크게 문제 되진 않는다(꼭 둘 다 먹어야겠다면 저녁에 한 번 더 시키면 될 일이니까). 인생의 문제를 '중국집에서 음식 메뉴 고르기' 정도로 단순화하고, 원래 그런 문제들의 연속이라고 생각하는 훈련을 해보자. 그래야 고민에서 자유롭다. 한 발짝 떨어져서 상황을 보는 것이다. 그러면 당신 역시 어느 쪽을 택하더라도 상관없다는 생각을 하게 될지도 모른다.

삶이란 기뻐서 날뛸 필요도 없고, 절망에 빠져 고민만 할 필요도 없다고 생각한다. 삶의 파도란 연속해서 온다. 이번 파도를 넘으면 다음 파도를 넘어야 한다. 물론 언제나 파도타기에 성공하는 것은 아니다. 당연히 파도에 휩쓸릴 때도 있다(아주아주 많다). 그러나 이 파도를 넘지 못해 물에 쫄딱 젖어버린다 해도, 우리는 좋든 싫든 다음 파도를 넘어야 한다. 잘못된 하나의 결과에만 집착하는 것은 본인에게 어떤 도움도 되지 않는다.

어떤 것을 선택해도 후회는 생긴다. 그렇다면 반대로 아무거나 실행해도 되지 않을까? 『미라이 공업 이야기』를 읽다 보면 잘못 택하면 뭔가 문제가 생길까 봐 아무것도 시도하지 못하는 건 마이너스적 사고라고 말이 나온다. 이런 방식으론 잃을 게 두려워서 아무것도 못한다는 것이다. 나도 동의한다. 어떤 것을 선택할까 고민하는 것보다는, 가벼운 마음으로 아무거나 선택하고 하나에 집중하는 편이 낫다. 뭘 선택해도 똑같다고 믿으면 마음이 가벼워진다.

학생들이 나에게 와서 털어놓은 고민거리도 마찬가지다. 결국은 '선택의 문제'인 것이다. 나는 더 편한 쪽을 택하라고 한다. "잘못되면 어떻게 해요?"라고 물어볼 때마다 "하다가 문제가 생기면 그때 가서 생각해"라고 말한다. 생각만 하느라 정작 시도도 못하는 경우가 얼마나 많은가. 고민한다고 해결되는 것도 아닌데, 혼자 온갖 상상만 하다가 끝나 버린다.

고민이 많은 건 현재 일이 제대로 진행되지 않고 있다는 뜻이다. 그건 그것대로 스트레스지만, 그런 경우 문제 해결에 시간이 오래 걸리니까 다시 스트레스를 받는다. 그러면 사람이 부정적으로 변할 것이 뻔하다. 늘 걱정하고, 안 되는 온갖 경우의 수를 생각하면 그것도 버릇이 된다. 그러면 일을 시작하기 전에 가능성이 아니라 안 되는 이유부터 찾는다. 그쯤 되면 주변에서 지켜보는 사람도 '도대체 뭔가를 하고 싶긴 한가' 하는 생각이 든다.

가령 문제집 고르기 같은 일은 어떨까. 학생들은 문제집도 제대로 고르지 못하는 경우가 있다. 사실 그런 학생들은 책을 사본 경험이 적은 학생일 가능성이 높다. 아무 책이나 사도 사실 다 똑같고, 정 마음에 안 들면 풀던 문제집을 버리고 새로 사면 될 일이라는 것을 아직 모르는 것 같다. 아무 문제집이나 사도 된다고 하면 '나와 안 맞으면 돈이 아깝다'며 갑자기 근검절약하는 척한다. 그럴 때마다 나는 '그런 말은 매점을 끊고 나서' 해야 한다고 말해준다.

아무튼 학생들은 나에게 와서 "어느 문제집이 좋아요?"라고 종종 묻는데, 학생마다 수준이 다르니 모두 똑같은 것을 추천할 수도 없을뿐더러 사실 그래서도 안 된다고 생각한다. 또한 내가 아는 문제집 중에서 좋다고 생각되는 건 어차피 학생들도 대개 사서 풀고 있는 것들이다. 하도 끈질기게 물어보는 경우가 많아서 영역별로 하나씩 다 추천해주면, 이번에는 그 많은 숫자에 질려서 정작 다 사 보지도 않는다. 그럴 거면 그냥 스스로 아무거나 골라서 풀면 될 텐데, 왜 물어보는지 모르겠다.

고민하지 않고 선택이 빠르면 무시할 수 없는 부가 효과가 있다. (나 같은 개인주의자에게는 그다지 상관없지만) 주변에 사람이 몰리게 된다는 점이다. 왜인지 아는가? 대개의 사람들은 주저하고 고민하느라 시간을 낭비하기 때문이다. 그렇기에 이런 문제를 고민 없이 해결하는 사람에게 기대고 싶은 심리가 있다. 그런 사람은 말과 행동이 분명해서 신뢰할 수 있다고 생각하는 것이다. 틀린 길이라도 일단 빨리 가고, '틀렸으면 돌아와서 다른 길로 가자'라고 단순 명쾌하게 이야기하면, 다른 사람들도 따라온다.

나는 내 곁에 사람을 많이 두는 편이 아니지만, 상황에 따라 연락을 할 수 있는 사람들은 몇 명 있다. 내가 곁에 두는 사람들은 판단이 빠르고, 주저하지 않으며, 따라서 신뢰할 수 있는 사람들이다. 이 사람들이 언제나 좋은 결과만을 내줄까? 그렇지는 않다. 다만 그 사람들은 판단과 행동이 빠르기 때문에, 설령 틀렸더라도 결정을 수정하는 속도 역시 빠르다. 그래서 그 사람들이 실수했다고 해도 걱정하지 않는다. 그냥 믿고 느긋하게 기다리고 있으면 된다. 아니, 기다리고 있다는 표현도 틀렸다. 잊어버리고 있으면 어느 날 갑자기, "지난번에 네가 말한 거, 어쨌든 잘 해결했어"라고 이야기해주는 경우가 대부분이다.

아무거나 선택하라. 그것이 어떤 결과를 가져오든, 죽을 만큼 힘들거나 잘못된 결과를 가져오진 않을 테니까 말이다. 우리가 하는 사소한 고민들은 누군가도 했었고, 따라서 조언을 요청할 수도 있을 것이다. 그러나 그럴 수 있는 상황이 아니라면, 눈앞의 문제 해결 방법을 아무거나 선택하면 될 일이다.

설령 이번에 고른 답이 정답이 아니더라도 다음엔 정답을 고를 수 있다고 믿어라. 그런 사람이야말로 자신을 긍정하는 사람이다. 당신이 기어코 오답만 골라 찍는 사람일 가능성은 없다. 그러니까 이 글을 읽는 당신도 자신을 그렇게 믿을 수 있었으면 싶다.

4.
미래의 행복보다
당장의 행복

사람이 살아가는 데에는 두 가지 시간 유형이 있다. 첫째는 현재형, 둘째는 미래형이다. 대개의 사람들은 미래형이다. 현재를 투자의 대상으로 보지, 삶을 즐기는 시간으론 보지 않는다. 많은 사람들이 그렇게 이야기하며 많은 학생들이 그렇게 학습되었다.

사람들이 미래형으로 살아가는 이유는 단지 현재보다 더 잘 살기 위해서는 아닌 것 같다. 그보다는 불안해서가 아닐까 싶다. 아주 간단한 질문 하나를 던지겠다. 만약 당신의 눈앞에 맛있는 음식과 맛없는 음식이 있다고 하자. 어느 것을 먼저 먹겠는가?

내가 만나는 사람들에게 이 질문을 던지면 열에 아홉은 맛없는 음식을 먼저 먹겠다고 한다. 맛없는 음식을 먼저 먹어 배를 채우고, 맛있는 음식은 아껴 먹겠다는 것이다. 나로서는 이해할 수 없는 일이다. 배부른 다음 맛있는 음식 먹어봐야 뭐하나 싶어서다. 어차피 맛도 제대로 느끼지 못할 텐데.

사람들은 왜 그런 대답을 할까. 열심히 생각해본 다음 내가 내린 결론. 불안하기 때문이다. 맛있는 음식은 언젠가 바닥난다고만 생각하니까 최대한 먹기를 미뤄두려는 것이다.

성공하는 방법에 정해진 규칙이 있다고 믿어버리면, 사람은 위기의식을 느낀다. 그러면 틀림없이 맛없는 음식부터 먹게 된다. 즉 힘들고 하기 싫은 일부터 하게 된다. 언젠가 내가 하고 싶은 일을 할 기회가 올 거라고 굳게 믿으면서 말이다. 그러나 그런 식으로는 내가 하고 싶은 것, 좋아하는 것을 할 수 있는 날은 오지 않는다.

세상은 재미있는 곳이다. 어떤 사람이 열심히 노력을 하면 할수록, 그 사람은 노력하는 사람으로 역할이 고정되어 버린다. 주변에서는 그런 사람을 칭찬하고 부추기며 계속 일거리를 가져다줄 것이다. 그 사람은 일을 하면 할수록 행복하다고 믿을 테니까. 안타깝게도 우리는 그런 사람을 참 편리하다고 생각한다(학생들은 주로 조별 과제를 할 때 그런 모습을 볼 수 있다. 일을 도맡아 하는 사람이 한 명쯤은 꼭 있다).

주변을 돌아보라. 어쩌면 항상 양보하고 희생하며, 남의 일까지 도맡아 열심히 하는 사람이 있을지도 모른다. 다른 사람을 돕는 일에서 즐거움을 느낄 수는 있지만, 그것이 희생의 수준까지 나아가서는 곤란하다. 그런 경우 그 사람의 삶은 불행해지며, 그래서 반드시 불평을 한다. 당연하다. '나는 이만큼 노력하는데, 왜 저 사람들은 저렇게 편하게 지내나, 왜 나만 이렇게 힘들어야 하나, 이건 공평하지도 않고, 올바르지도 않아' 와 같은 생각이 들게 마련이니까 말이다.

그런 불평을 하는 사람들을 관찰해보면 참으로 성실하다는 특징이 있다. 그야말로 성실함의 화신이라 할 만하다. 그러나 그런 사람일수록 다른 사람이 멀리한다. 성실한 건 좋지만 불평불만을 입에 달고 다니는 사람들 옆에 있고 싶은가? 나까지 힘들어질 것 같은 불길한 느낌이 정녕 안 드는가? 물론 그런 불평을 하는 사람들의 말에도 옳은 점이 있다. 그런 사람들은 (참으로 놀랍게도) 틀린 말도 안 한다. 그런데도 정이 안 간다. 그러니 가까이하고 싶지도 않게 된다. 대개 사람들은 옳은 사람이 아니라 편한 사람을 찾는 법이다.

혼자 불평하고 남들은 그 불평을 들어주어야 하는 불행한 사태를 벗어나는 방법이 있다. 현재를 '즐기며' 사는 것이다. 언젠가 찾아올 영광의 그날을 위해 지쳐 쓰러질 때까지 공부하는데 왜 성적이 안 오르는가, 왜 나는 늘 힘든가를 고민하고 있다면 좀 더 여유롭게 지내겠다는 결심부터 해보자. 불평하며 투덜거릴 바에야 차라리 게을러지는 편이 낫다고 말하고 싶다.

성적이 안 나올 수도 있다. 그럼 그 과목을 공부하는 일보다 더 재미있는 일을 찾아야 한다는 뜻일지도 모르잖은가. 나는 항상 뭔가 공부를 하거나 일을 시작할 때마다 그것의 재미가 어느 정도일까를 고민한다. 쓸모는 그다음이다. 배워두면 언젠가 쓸모는 생기는 법이므로, 그런 건 걱정 안 해도 된다.

참고로 내가 말하는 재미라는 건, 게임처럼 늘 흥분되고 짜릿해야만 한다는 뜻이 아니다. 자신이 원해서 선택한 것이어야 한다는 뜻이다. 나도 글을 쓰고 있지만, 하루 24시간 글을 쓰라면 당연히 못한다. 하루 종일 글만 쓸 자유를 얻는다는 것과, 실제 글을 써야 한다는 건 다른 이야기이기 때문이다. 원고 마감이라는 단어는 나도 부담스럽다. 그러나 조금씩이라도 글을 써서 책을 낼 수 있는 까닭은, 결국 내가 글 쓰는 일을 좋아하기 때문이다.

내 전공은 국어이고, 대학에 가서도 역사는 공부해 본 적이 없다. 다만 역사에 심취해 있기는 했다. 대학 시절의 나는 전공 서적보다 역사 서적들을 훨씬 사랑했다. 시험이라는 압박감과 상관없이 내가 고른 책을 읽을 수 있다는 사실이, 나에게 자유를 가져다주었기 때문이다. 만약 임용 시험 합격이라는 정해진 루트를 생각해서 최단 거리를 가야겠다고 생각했다면, 내가 한 짓은 순전히 낭비라고 보아야 한다. 1년에 한 번 있는 임용 시험을 쳐야 하는 처지에 그게 무슨 바보 같은 짓인가. 나는 내 부모님이 흔히 하는 표현에 의하면 '영양가 없는 짓'을 하고 있던 셈이다.

그런데 내가 임용 시험에 합격한 후, 첫 발령지는 특성화 고등학교였다. 특성화 고등학교에서는 상위권 학생들을 공무원이나 공기업, 혹은 대기업에 보내기 위한 반이 있다(흔히 공채준비반이라 부른다). 요즘에는 공공기관이나 대기업에서 한국사 능력을 기본 소양으로 요구한다. 내가 재미로 공부했던 것들이 이때 빛을 발했다. 당시 내가 가르친 학생들에게 말했다. "선생님도 한국사 자격증이 없으니까, 같이 공부해서 따자"라고 말이다. 나는 취미로 역사를 공부하는 사람이었으므로 그때까지 자격증을 취득할 생각을 하지 못했다.

그렇게 겨울방학 내내 하루 세 시간씩 수업을 시작했다. 내용을 설명하고 문제집을 풀고, 복습을 시켰다. 공부가 덜 되어 있는 학생들 입장에선 정말로 고난 그 자체인 한 달이었을 것이다. 그래도 다들 한국사 중급 시험에 무난히 합격했고 나는 1급을 땄다. 그중 한 학생은 나에게 말했다. "선생님, 정말 많이 배운 것 같아서 뿌듯해요. 전 한국사를 공부하기 전까진 안중근 의사가 병원 의사인 줄 알았어요"

농담도 아니고 꾸며낸 말도 아니다. 실제 있었던 일이다. 나에게 그 말을 해줬던 학생을 비웃기 위해 하는 말이 아니다. 누구나 필요하다고 생각할 때, 자신이 원하는 일에 도전하면 된다고 말해주고 싶어 소개한 것이다.

아무튼 평소 내가 좋아하는 분야에 관심을 쏟지 않았다면, 그런 수업은 어렵지 않았을까. 내가 자신 있게 수업을 맡았던 건, 내 호기심 많은 성격 덕분이었다. 생각해 보라. 전국의 고등학교 국어 교사가 한국사를 가르치는 경우가 얼마나 되겠는가(물론 전문계 학교의 특수성 때문에 가능한 것이고, 인문계였다면 어림없을 일이다. 그런 면에선 운이 좋았다고 생각한다).

자신이 가치 있다고 믿는 일이 있다면, 그걸 해봐야 한다. 그것도 되도록 빨리, 지금 당장. 실패를 거듭하더라도 기가 꺾이지 않는다면, 결국 언젠가는 해낼 수 있다. 많은 학생들이 공부만 열심히 하면 어떻게든 될 거라고 믿고 노력하는 모습을 보면 안타깝다 못해 애처롭기까지 하다. 진심이다. 현재의 모든 재미있는 것을 참으면 더 큰 보상이 온다는 '마시멜로 이야기' 같은 현실은 갈수록 힘들어질 것이다. 경쟁이 계속되고, 모두가 피폐해지는 현실이 반복되는 한 말이다.

맛있는 음식을 자꾸 먹어야 맛있는 음식을 알아보고, 그런 음식만 찾게 된다. 그리고 어찌 된 일인지 그런 사람에게 맛있는 음식을 먹을 기회가 자주 온다. 세상은 공평하지 않은 곳이다. 열심히 노력한다고 죄다 보상을 받지도 않으며, 규칙을 성실히 지킨다고 해서 행운이 깃들지도 않는다. 도리어 느긋하고 여유로우며, 자신의 선택을 존중할 줄 아는 사람에게 행운과 기회가 온다. 그러니 계속 말하지만, 미래의 행복보다 현재의 행복을 추구하려 당장 노력해야 한다.

5.
모두에게
사랑받을 수 없다

    내가 하나의 주의주장을 펼치면, 거기에 동의하지 않는 사람은 반드시 있다. 그러나 나의 의견에 동의해주는 사람도 있을 것이다. 이 책을 쓰는 나만 해도 학교에서 하는 행동들이 학교 구성원 모두를 만족시키는 것은 아니다. 그러기는커녕 무언가를 할 때마다 욕을 먹는 경우가 더 많다. 스트레스 안 받냐고? 당연히 받는다. 하지만 따지고 보면 내가 누군가를 만족시키기 위해 매번 연기를 해야 하는 것도 피곤하긴 마찬가지다. 내가 하는 행동이 어쩌다 보니 누군가의 마음에 들기도 하고, 안 들기도 하는 것이다. 그리고 그러한 감정이 어떤 종류의 것이든, 그걸 감당하는 건 상대방의 몫이라 생각한다.

삶의 기준을 다른 사람에게 두면 남의 눈치를 본다. 그리고 그 결과는 대개 최악이다. 내가 원하는 일을 한 것도 아니고, 상대도 내가 억지로 맞춰서 보조를 취해주었을 뿐이라는 걸 알기 때문에 부담만 느낀다. 나도 만족 못하고, 상대도 만족을 못하는 일을 도대체 왜 하는 걸까?

마키아벨리는 '처음부터 끝까지 선인이거나 악인인 사람이 없어서, 인간이 하는 일은 대개 완성되지 않는다'고 말했다 한다. 나는 여기에서 답을 찾을 수 있다고 생각한다. 남에게 '좋은 사람'으로 남고 싶어 하는 욕심이 있으면 내 뜻을 온전히 펼치기 어렵다. 철저하게 자신을 희생하고, 자기 뜻을 접을 마음도 없으면서 '좋은 사람'으로 남으려고 애쓰니까 상황이 복잡해진다. 복잡하니 짜증스러운 것도 당연하다.

삶을 산다는 건 자기 의지로 결정하고, 결정한 일을 해내는 과정의 연속이다. 남의 의견을 받아들이는 것도 자기 의지여야 한다는 뜻이다. 나처럼 배우기를 좋아하는 사람도 남이 무언가를 배우라고 하면 싫어진다. 내가 가장 싫어하는 일은 국어 문제집을 푸는 일이다. 이런 일은 정말이지 하고 싶지 않다. 설령 내가 문제집을 열심히 푼다 한들 내 실력이 올라갈 뿐 학생 실력이 올라가는 것도 아닌데, 그게 의미가 있을까?

나는 에니어그램을 배운 적이 있다. 에니어그램은 인간의 성격을 9가지로 나타낸다. 이 9가지 중에 잘못된 성격은 없다. 하지만 잘못된 행동은 있다. 나와 다른 성향의 사람을 어딘가 모자란 사람으로 생각하고 고쳐주려는 바보 같은 행동 말이다. 그런 사람은 누구에게도 환영받기 어려울 것이다.

참으로 슬프게도, 수많은 지식인은 지성인이 아니다. 내가 생각하는 지성인의 조건. '나와 다른 남을 인정하는가' 이다. 인정하면 지성인, 아니면 야만인이다. 야만인들이 예의를 알 리가 없다. 그러니까 끊임없이 간섭하고, 충고하며, 뿌듯해한다. 나는 이런 사람을 좋아하지 않는다.

내 또래의 젊은 교사들을 만나보면, 학교에서 느끼는 감정이 매우 비슷하다는 사실을 확인할 수 있다. 그리고 학교의 부조리는 학생만 느끼는 게 아니라는 것도 새삼 깨닫게 된다. 보수적인 관료 체제하에선 합리적인 노력조차 거부된다.

처음에는 답답하기만 했는데, 문득 그런 생각이 들었다. 남이 나에게 반대하고 못하게 하더라도 내가 원하는 걸 그냥 해버리면 어떨까? 사람의 목숨을 다루는 의사도 수많은 임상 실험을 통해 숙련

된 전문의가 된다. 교사 역시 자기가 해보고 싶은 수업을 마음껏 해봐야 전문성을 기를 수 있지 않을까?

아마 학교가 대단히 많이 바뀌는 게 아니라면 나는 환갑잔치 전까지 할 수 있는 일이 많지 않을지도 모른다. 학교를 그만두고 나서 '거긴 그냥 월급 안 밀리고 나오는 좋은 직장이었지' 라는 생각이 든다면 허무할 것 같았다. 내가 학교에서 남들 보기에 '이상한 짓'을 하는 이유는 그 때문이다.

반복해서 말하지만 내가 한 가지 생각을 가질 때마다, 거기에 동의하거나 반대하는 사람은 반드시 나타난다. 내가 열 가지 생각을 하면, 좋아하거나 싫어하는 사람은 몇 배로 늘어날 것이다. 그것이 인간 세상의 현실인 것이다.

만약 내가 '모든 사람에게 사랑받을 수 없다' 는 것을 더 빨리 이해하고, 더 큰 용기를 냈더라면 틀림없이 남이 뭐라 하든 더 많은 시도를 했을 것이고, 더 많은 결과를 얻었을 것이다. 삶을 살아간다는 건 나와 남의 차이를 알았을 때 거기에 당혹해하는 것이 아니라, 남과 다른 나를 인정하는 것이다. 오직 남이 내 가치를 결정하는 게 아니라고 생각하는 사람만이 그럴 수 있다.

다른 사람과의 관계가 틀어지는 것을 염려해서 내가 하고 있는 일을 중단하거나 뜻을 미리 굽힐 필요도 없다. 사람은 자신이 하고 싶은 일을 할 때 행복한데, 그렇지 못한 경험을 할 때마다 좌절하기 때문이다. 그럴 바엔 차라리 상대를 멀리하고 나를 지키려고 애써라.

한 가지 다행인 것은 그래도 이 사회에서 개인의 선택이 중요해지고 있다는 점이다. 세상이 점점 좋은 방향으로 바뀌어 가는 것 같아 다행이라는 생각이 든다.

자유롭게 해주는 29가지 방법

1. 4

자기 계발서 그만 읽기

자기 계발서의 성격을 띠고 있는 에세이를 쓰면서 도대체 이게 뭔 제목이냐 싶을 수도 있겠다. 그러나 내가 하고자 하는 이야기는 단순히 노력에 초점을 맞춘 것이 아니다. 자유로워야 자존감이 있고, 자존감이 있어야 행복해지며, 행복해야 무언가를 하겠다는 의지도 생긴다는 이야기를 하고 싶은 것이다. 한풀 꺾인 기세이긴 하지만, 서점에선 여전히 노력요구형 자기계발서가 많이 판매되는 걸 본다.

내가 이런 노력형 자기계발서를 싫어하는 이유는 저자들의 공감

안가는 생각 때문이다. 지금보다 훨씬 기회가 많았던 때 기회를 잡아 성공하고선, '봐라, 내가 이만큼 노력했더니 성공하지 않았느냐, 그러니까 너희도 될 것이다. 안 된다면 너희들의 노력 부족이야' 라고 말하는 꼰대의 마인드 말이다.

그러나 그보다 더 싫은 이유는, 그렇게 노력한 사람들이 그래서 사회에 무슨 기여를 했느냐는 거다. 왼쪽에 있던 부를 오른쪽으로 옮기면 그것이 성공인가. 다른 사람 주머니에 있던 돈을 내 주머니로 끌어오면 성공인가. 뭔가 제대로 된 사람이라면 '너희도 노력해' 가 아니라 '너희가 우리만큼 노력 안 해도 행복하고 자유로운 세상에서 살았으면 좋겠어' 라고 말해야 하는 것 아닐까. 하지만 이런 생각을 가진 사람을 직접 만나본 횟수는 손가락으로 꼽을 수준이다.

더 많은 땀과 눈물을 요구하는 집단이 사회 도처에 널려 있다는 건 안타까운 일이다. 그런 말을 하는 어른들에게 절대 속지 마라. 그런 말은 순서가 바뀐 말이기에 사람을 점점 불행으로 몰아넣는다. 무조건 공부를 해야 성공하는 것이 아니라, 성공이 무엇인지 경험해야 필요한 공부를 하게 된다. 그래서 다양한 경험이 중요하다. 경험으로 노력할 분야를 찾으면 그때부터 노력하면 된다. 중요한 점은 내가 재미를 느낄 수 있어야 한다. 엄혹한 입시체제 하에서 위험하고 무책임한 소리 아니냐고? 글쎄, 자기가 어떤 사람인지도 모르면서 아무 공부나 해서 대학만 들어가면 된다는 생각이 더 위험한 건 아니고?

새로운 시도를 하면 할수록 실패 경험이 늘어나는 건 당연하다. 실패를 자꾸 하면 자존감이 낮아질 때도 있을 것이다. 그래서 내가 정한 방법. 동일한 것에 3번 이상은 시도하지 않는다. 3번을 시도하고도 안 되면 물러나고 다른 것을 찾는다. 그리고 성공 가능성이 높은 것을 계속 시도하는 것이다.

희생적 수준의 노력을 요구하는 사회는 잔인한 사회다. 개인이 어디에 관심 있든, 자신들의 요구사항만 강요하는 집단에서 개인이 행복할 수는 없기 때문이다. 사람은 행복감을 느끼는 시간이 필요하다. 그런 행복감 중 하나는, 내가 원하는 것을 내가 원하는 방식대로 할 때 가능한 것이다. 의미를 추구하지 않고 그저 지금 하는 일이 무엇이든 노력한다는 건 스스로를 억압하고 힘들게 한다. 이런 사람의 심리 상태가 건강할 리도 없고, 이런 사람이 많은 사회도 정상일 리가 없지 않은가.

학생들이 학교에서 15시간 이상을 보내는 것을 이상하다고 생각하는 사람이 더 많아져야 한다. 어른들은 왜 야근 없는 사회, 야근에 대한 보상이 있는 사회, 열정 페이를 요구하지 않는 사회를 이야기하면서 학생들에 대해서는 아무 말이 없나. 학생 때는 자신의 미래를 위해 투자하는 시간 아니냐고? 아마 사장이나 관리자도 자기 부하 직원에게 그렇게 말할 것이다. 지금은 네가 '성장'하는 시간이니까 회사에 대가를 바라지 말라고.

내가 봤을 때, 지금 사회 전반의 노력 중독은 학교 때부터 문제의식을 갖고 해결하려 하지 않으면 안 된다. 0교시 폐지를 주장한 게 어제오늘 일이 아닌데, 그것이 실현된 게 극히 최근이다. 그나마 모든 학교가 제대로 시행하고 있는 것도 아니다. 불완전한 것이다.

학교에서 필요 이상의 노력을 요구받으니까, 학생들이 사회에 나가서도 그게 문제인지 모른다. 그러니까 야근을 시키면 '어쩔 수 없지'라고 생각하고 일하게 된다. 15시간의 공부가 13시간의 업무와 2시간의 출퇴근으로 바뀌어도 그냥 그러려니 한다. 그런 식으로 일해서 성과가 더 나오지도 않을 텐데 말이다. 이건 정상이 아니다.

만약 당신이 노력 요구형 자기 계발서를 부지런히 읽고 감동하는 사람이라면, 당신은 갈 길이 아주아주 먼 사람이다. 그럴 거면 차라리 그 시간에 진로에 관한 책을 읽는 편이 낫다. 가령 자신이 간호사가 되고 싶다면 간호사란 직업은 어떤 일을 하는지, 내가 좋아할 만한 일인지 확인이라도 해봐야 한다. 더 나아가 아는 직업이 간호사 밖에 없어서 간호사가 되길 희망한다면, 그 인생은 실패로 끝날 확률이 매우 높다고 본다. 이런 극히 당연한 생각을 하는 학생 찾기가 왜 이리 힘든지 모르겠다.

요새는 각 분야의 현업 종사자가 자신의 직업에 대해 소개해주는 책도 많다. 노력을 하기 전에 내가 지금 하고 있는 노력이 과연 타당한지부터 생각해봐야 하지 않을까? 당신의 부모나 교사가 직업 상담사가 아님을 명심하라. 남에게 맡기는 게 아니라, 그 분야에서 정말로 일하고 있는 사람을 찾아가 듣는 게 제일이다. 그러나 그것이 불가능하면 책을 통해 간접적으로라도 배울 필요가 있다. 그래야 자신이 어떤 사람인지, 무엇에 재미를 느끼고 의미를 찾는 사람인지 확인할 수 있기 때문이다.

현재 시제로 살기

얼마 전 인터넷으로 신문기사를 보다가 재미있는 것을 발견했다. 김승진 선장의 인터뷰 내용이었는데, 이 분은 사업이 쫄딱 망하고, 남은 돈 3억을 어떻게 쓸까 고민하다가 유럽에 가서 요트를 샀다고 한다. 그리고 전 세계를 무기항으로 돌아다녔다고 한다. 말 그

대로 항구에 한 번도 들리지 않고, 온 바다를 돌아다닌 것이다. 여행 기간은 7개월. 이 분이 탔던 요트의 이름은 아라파니 호라고 하는데, 더 이상 항해에 쓰이지 않고 지금은 해양박물관에 전시된다고 한다.

삶의 자세란 이런 것이어야 한다고 생각한다. 삶이란 마냥 우아한 것이 아니다. 닥치는 대로 다가오는 문제를 해결하려 노력하면서, 사람은 성장 과정을 거친다. '무엇이 되고 싶다, 하지만 내가 그걸 왜 하고 싶은지는 모른다' 는 좀 이상한 것 같다. 자신이 무엇을 원하는지 확인하는 것이 학생 때의 인생 과제라 생각한다.

사람이 살아가는 시간은 모두 다르다. 어떤 사람은 현재를 살고, 또 다른 사람은 미래를 산다. 둘 중 어느 쪽이 더 많으냐 하면, 미래를 사는 사람이 더 많다. 그런데 미래를 산다는 말은 현재를 희생한다는 말이다. 현재 하고 싶은 축구를 못하고 대신 야자를 하는 것, 잠을 자는 대신 문제집의 문제와 싸우는 것 모두 현재보다 미래에 큰 가치를 두기에 가능한 것이다.

현재형 인간은 다르다. 현재형 인간은 지금 누릴 수 있는 것이 더 중요하다. 지금 누릴 수 있는 것이 과연 미래에 내가 누릴 수 있는지 확실하지도 않은 것보다 더 가치가 있다. 그러니까 당장 무언가를 한다.

어느 쪽이 더 역동적이냐 하면, 당연히 현재형 인간이다. 예를 들어 생각해 보자. 미래형 인간은 주머니에 100만 원이 있으면 그걸 저축할 생각부터 한다. 그리고 매일 혹은 매주 조금씩 돈을 꺼내 쓸 것이다. 100만 원으로 얼마나 버틸 수 있을까 날짜를 꼽아보면서. 반면 현재형 인간은 100만 원을 저금하기보다 지금 당장 쓸 생각부터 한다. 그걸 써야 행복하기 때문이다. 100만 원을 다 쓰고 나면? 당연히 손에 남는 게 없다. 하지만 돈 없이 살 수 있는 사람은 없기 때문에, 뭔가 새로운 일을 찾게 된다. 그러니 삶 자체가 역동적이다.

경험이 많다는 건 성장도 빠르다는 말이다. 게다가 새로 무언가를 하는 일이 자신의 행복과 연결된다는 것을 알기 때문에, 삶의 횡포에 휘둘리는 일도 적은 편이다. 자신이 선택한 긴장이라면, 그조차 스트레스가 아니라 재미가 된다.

교사들은 4년 차가 되면, 1급 정교사가 되기 위해 연수를 받는다. 당연히 나도 받았다. 3주간의 연수 내내 들었던 생각. '이거 다 배워서 뭐하나'

왜 그런 생각이 들었느냐 하면, 어차피 입시 위주 학교에선 문제 풀이 외엔 딱히 해줄 수 있는 게 없기 때문이다. 다양한 수업 방식을 적용해서 해보려 해도, 모의고사 등급에 따라 교사의 능력이 결정되는 인문계 분위기에선 새로운 시도는 어렵게 된다. 성적이 떨어지면 본전도 못 찾으니까. '그래도 노력해서 학생을 가르치려는 모습이 참 훌륭하다' 같은 말을 해주는 학교 관리자는 없다. 그러니까 다시 원래의 문제풀이 수업으로 돌아가 버린다. 그런데 온갖 수업 기술을 배워봐야 허무함만 드는 건 당연하지 않을까?

사법연수원에서의 시험 성적에 따라 판검사 임용이 달라진다는 이야기를 들어보았는지 모르겠다. 교사도 마찬가지다. 나중에 교장이 될 거라면, 1급 자격연수 시험 점수가 중요해진다. 교장으로 나아가는 것도 교사들끼리의 치열한 경쟁이다. 학교 숫자가 갈수록 줄어들기 때문에 더 그렇다.

그런 것이야 어쨌든, 나야 그런 것과 상관없는 사람이니까 연수 교재를 죽 훑어본다. 그리고 쉽고 재미있는 것만 대강 훑어본다. 그리고 책을 덮는다. 이 글을 쓰는 지금도 사실은 연수 기간이다. 나는 지금 주말에 도서관에 와서 글을 쓰고 있다. 공부 대신 글을 쓰는 이유는 단 하나. 이쪽이 더 재미있기 때문이다.

학생으로 치자면, 중간고사 시험이 낼 모레고, 시험 범위도 아는데, 그냥 자기가 공부하고 싶은 부분만 찾아보는 식이다. 심지어 시험 범위가 아닌 곳도 본다. 공부가 단순히 지겨운 거라면, 나는 애써 책을 그렇게 보진 않는다.

다만 연수 교재가 '시험 교재'가 되는 순간, 내가 보는 책은 '정복'의 대상이 된다. 그런 극기 훈련을 애써 하는 것에는 취미가 없다. 그래서 '공부'를 할지언정 '시험공부'는 하지 않는 것이다.

복잡한가? 사실은 간단하다. 내가 원해선 하는 공부는 괜찮지만, 그렇지 않은 공부는 하지 않겠다는 것이다. 게다가 내가 학생들에게 경쟁 사회에 지지 말라고 말하면서 시험 성적과 등수를 신경 쓰며 공부한다면, 그 자체가 말이 안 되는 일이다.

미래를 계산하는 것보다 더 좋은 것은, 지금 하고 싶은 일을 생각하는 것이다. 하고 싶은 일을 생각했으면, 최대한 빨리 그 일을 하면 된다. 내가 하고 싶어서 하는 일이기 때문에 스트레스도 적고, 실패해도 다시 한다. 그러면 성공한다. 성공의 경험이 늘어날수록, 자존감도 더 크게, 더 빨리 자란다. 그런 사람이야말로 자유롭고 행복할 자격이 있는 사람이다.

외모 가꾸기

다른 사람에게 간섭받지 않고 자유를 누리는 방법에는 몇 가지 기술이 있다. 그중 하나가 외모를 가꾸는 것이다. 지저분한 외모 때문에 남이 나를 피하는 것과, '저런 번듯해 보이는 사람이 잘못을 저지를 것 같지 않아서' 나에게 간섭하지 않는 건 차이가 있다.

사람들은 남에게 참견하고 싶어 하는 이상한 버릇이 있다. 내가 남에게 간섭을 안한다고 해서 끝나는 문제가 아니다. 내가 간섭하지 않아도, 내 삶에 간섭하고자 하는 피곤한 사람들은 생각보다 많다. 그런 사람들을 모조리 피해 다닐 수 있다면야 모든 자유주의자들은 참으로 행복할 것이다. 또한 남의 간섭을 피하려면 복장부터 그럴듯하게 갖춰 입어야 하는 것이다. 당신이 대충 입고 다니면 어떤 대우를 받을까? 남들도 당신을 '막 대하고 간섭해도 되는' 사람으로 여길 것이다.

사실 가장 좋은 것이야 남의 지적을 무심하게 흘려버리거나 그런 사람을 피해 사는 것이겠지만, 학교에서 단체 생활을 하는 만큼 그런 방법을 쓰는 건 곤란하다. 당신이 편하고 자유롭게 생활하기 위해서는 당신 스스로를 가꾸는 것이 빠른 방법이다.

예전에 내가 복장을 어떻게 입고 다녔느냐 하면, 그야말로 마음 대로 입고 다녔다고 생각하면 된다. 주로 입은 옷의 종류는 편하고 실용적인 것들이었다. 남이 뭐라고 하든 겉으로 보이는 게 아니라, 내가 가진 진짜 내면의 실력이 중요하다고 생각했기 때문에 더 그랬다. 그래서 옷을 살 돈으로 책을 샀고, 대학원에 다니는 것도 아닌데 매년 공부에 쓰는 돈만 수백만 원이었다.

이런 생각이 바뀌게 된 것은 『너무 노력하지 말아요』라는 책을 읽고 나서였다. 그 책의 저자(고코로야 진노스케)는 아무리 실력이 있다 한들 대충 갖춰 입고서 남들 앞에 나서봐야 사람들이 믿어주지 않는다고 했다. 과연 일리 있는 말이어서 시험해 보기로 했다.

그래서 머리 스타일도 바꾸고, 안경도 새로 맞췄다. 가지고 있던 옷은 거의 다 버렸고, 옷은 전부 새로운 스타일로 바꿔서 입기 시작했다. 학교에선 늘 변화된 모습으로 다녔고, 정장이 아닌 옷은 일주일에 한 번이나 입을까, 거의 입지 않게 되었다. 그리고 다이어트도 했다. 대략 일주일간 5킬로그램 정도 뺐는데, 몸이 전보다 훨씬 가볍고 날렵해진 느낌이 들었고, 자신감도 더 붙었다.

이런 새로운 모습으로 다니자 나에 대한 평판이 달라지기 시작했다. 학교에서 교사의 평판이란 나의 외모에 관한 것일 수밖에 없다. 왜냐하면 공개 수업이라도 있는 게 아닌 한 다른 교사가 내 수업에 들어오는 것은 아니니까, 내 수업 실력에 대해 평가할 수는 없기 때문이다.

대개 사람들은 외면이 아니라 내면이 중요하다고 말한다. 하지만 그런 말이 계속 나오는 이유는, 그 말을 믿는 사람이 거의 없기 때문이라고 보면 된다. 사람들은 다른 사람을 평가할 때 극히 주관적이고도 믿을 수 없는 것들, 예를 들면 옷차림이나 인상 따위를 먼저 본다. 따라서 남과의 관계에 신경 쓰는 한, 이런 것들로부터 완전히 자유로울 수는 없다.

나는 그 점이 불만이었다. 사람들은 왜 상대에 대해 이해하기 전에 멋대로 판단하고, 참견하며, 충고부터 하려 드는가 하는 것들 말이다. 그러나 이런 생각 따위 해봐야 현실에선 부질없는 짓이다. 내 생각이 옳지 않아서가 아니라, 상대에게 매우 이성적이고 합리적으로 '네가 틀렸어' 라고 말해봐야 아무것도 변하지 않을 거라는 이야기다.

세상과 싸워야 한다면 당신도 효과적인 무기를 준비하라. 때로 그 무기는 상대가 싫어하는 것이 아니라, 상대가 좋아하는 것이어서 효과적일 수도 있지 않을까? 무슨 말이냐 하면, 세상이 높게 평가하는 기준에 적당히 맞춰주면 된다는 뜻이다. 그러면 사람들은 기뻐하며 나에게 호의적이기 때문에 내가 원하는 것을 잘 준다. 싸우는 것보다 더 좋은 것은 상대로 하여금 자진해서 무장해제하게 만드는 것 아닐까.

게다가 외모에 신경 쓰지 말라는 근엄함이나 엄숙함도 이상한 건 마찬가지다. 다양성을 허용해야 다양한 사고가 나올 것인데, 왜 다 똑같은 교복을 입고 다녀야 하는지도 의문이다. 다양성을 추구한 결과가 어째서 교복일까? 주장에도 일관성은 있어야 하지 않을까?

내가 나 자신을 소중히 여긴다면 당장 꾸미는 일부터 시작해야 한다. 학생 때는 외모에 신경 쓰지 말고 공부만 하라고 하는데, 내 생각은 다르다. 자신이 언제 멋있어 보이고 남들에게 설득력 있는 모습이 되는지, 내가 모습과 태도를 달리하면 남들이 나를 대하는 태도는 어떻게 변하는지, 이런 것들을 배우는 것도 중요한 공부다. 그런 것도 나 자신을 알아가는 과정의 일부다. 그리고 그런 과정을 통해 나를 가꾸고 소중히 대하면, 남도 나를 그렇게 대한다.

나는 학생들의 사생활에는 되도록 참견하지 말자는 주의지만 최근에 딱 한 번 참견을 한 적이 있다. 교복은 구겨진 채로 입고 다니고, 면도도 제대로 하지 않은 남학생에게 교복은 다려 입고, 면도를 하라고 이야기한 것이다. 깔끔하고 단정하지 못한 사람에게 우호적인 사람은 많지 않다. 그렇기에 그런 사람은 다른 사람으로부터 본인이 원하는 것을 얻는 것이 대단히 힘들어진다.

세련됨을 갖추기 위해 노력해보면 어떨까. 복장이 남의 나에 대한 태도를 결정한다. 내가 갖춰 입으면 남도 나를 함부로 대하지 못한다. 그러면 무리한 요구를 덜 받게 되고, 나도 좀 더 자유롭게 살 수 있다.

그리고 반복해서 말하지만 이는 결국 자신을 소중히 대하는 행동이기도 하다. 아끼는 물건을 열심히 닦아주고 늘 세심하게 살피는 것처럼, 자기 자신도 그렇게 대해야 한다. 자신을 세련되게 만드는 일은 자기가 원하는 것을 얻고 보다 자유롭게 살기 위한 중요한 삶의 요소다.

덧붙이는 말 : 선생님들은 학생이 화장을 한다고 무조건 싫어하는 건 아니다. 수업 중에 화장을 하니까 싫어하는 것이다. 그 말이 무슨 뜻인지, 곰곰이 생각해 주었으면 좋겠다.

사람들은 생각보다 하고 싶은 일이 많다. 문제는 '한 번에 하나씩' 이라는 원칙을 지키지 않으면서 동시다발적으로 마구 해대는 경우다. 본인이 하고 싶다고 이것저것을 다하게 되면 그만두는 일이 발생하고, 그러면 에너지가 낭비된다. 한 번 중단하면 멈춰선 부분부터 바로 시작할 수 있는 게 아니다. 잊어버린 내용들을 떠올려가며 해당 지점까지 연습하지 않으면 안 된다. 다시 익숙해지는데 시간을 추가로 써야한다는 말이다.

그래서 하고 싶지 않은 일은 최대한 하지 않는 편이 좋다. 하다 중단해버릴 가능성이 높기 때문이다. 반면 하고 싶다고 아무렇게나 해대는 것도 곤란하다. 하고 싶은 일은 역시 해야 좋지만 거기에도 방법은 있다. 나는 '한 번에 하나씩', 그리고 '세 번 실패하면 그만두기' 라는 기준을 가지고 있다. 또 하나 좋은 방법은 무엇을 할 것인가에 초점을 맞추기 전에 무엇을 하지 않을 것인가를 먼저 생각하는 것이다.

지금 당장 하지 않아도 되거나 꼭 하고 싶지는 않은 것들을 걸러내라. 그런 일에 신경 쓰느라 시간과 자신을 낭비하지 말아야 한다.

또한 이때에는 세상의 기준이 아니라 나의 기준에 따라 하지 않을 것을 정해야 한다. 내가 하지 않는 것에는 몇 가지가 있다. 첫 번째로 나는 TV를 보지 않는다. 10살 때 이후로는 TV를 본 적이 없는데, '저걸 봐도 내가 달라지는 건 없겠구나'라는 생각이 들었기 때문이다. 교사들 중에는 TV를 열심히 봐야 한다고 말하는 사람도 있다. 그래야 학생과 소통이 된다는 것이다. 그러나 내가 아이돌 그룹이나 주말 드라마 내용을 외워 학생들 대화에 끼어드는 모습은 상상만 해도 끔찍할 것 같다.

두 번째는 친목 활동이다. 각종 SNS 활동이나 블로그 활동을 열심히 하다 보면 정작 자신을 위한 일은 못하고 조회수나 댓글 수, 댓글 내용에만 집착하게 된다. 게다가 사람들은 얼굴 한 번 본 적 없는 당신에게 호의적이지 않다. 기분 나쁜 댓글이라도 달려 있으면 하루 종일 신경 쓰이고 마음이 불편할 수도 있다. 당신이 생계형 파워 블로거가 될 것도 아니라면 그런 것은 의미 없는 일이다. 내 주변에 그런 활동을 열심히 하는 사람은 자신의 분야에서 어느 정도 성공을 거둔 사람들이었다. 그리고 그들은 자신의 사업을 홍보하기 위해 그런 활동을 하는 경우가 대부분이었다.

그럼 온라인이 아닌 오프라인에선 어떨까. 대인 관계에만 집착하면 정작 옆에 있는 사람은 신경을 못 쓴다. 내가 관찰한 바에 따르면 결혼한 사람의 경우 바깥에서 친절하고 돈 잘 쓰는 사람일수록 집안에서는 형편없는 경우들이 종종 있다. 반대로 자신의 가정에 충실할수록 회사 생활에 목숨 거는 경우는 적었다. 다시 말해, 가정이든 가정 바깥이든 둘 중 하나에만 신경 쓰는 경우가 많더라는 것이다. 사실 당연하지 않은가. 집에 가서 집안일을 돕는 남편이 동시에 회사 회식 자리에 낄 수는 없기 때문이다. 돈도 마찬가지다. 바깥에서 돈을 써대는 사람이 집에 가져다 줄 돈이 있겠는가? 무한정 많은 인맥을 넓히고 사교 모임 하느라 바깥에서 시간과 돈을 쓰는 것은 가장 가까이에 두어야 할 사람을 방치하는 일이다.

세 번째는 다른 사람과는 되도록 식사를 피하는 일이다. 일단 메뉴 고르는 시간이 아깝다. 혼자 하면 알아서 아무거나 먹으면 되는데 그게 안 되지 않는가. 먹고 싶은 것도 마음대로 못 먹는데 메뉴 고르느라 시간까지 써야 한다. 내 생활 방식을 내가 선택하여 살겠다는 판에 이건 너무 아깝다. 그래서 마음이 맞는 사이가 아니라면 남과의 식사자리에는 잘 끼지 않는다.

요새 분위기의 좋은 점은 혼자서 밥을 먹어도 이상한 취급 받는 비율이 줄었다는 점이다. 혼자의 생활에 익숙한 나에게는 참 괜찮은 일이다. 요새는 나만 그런 생활에 익숙한 것 같지는 않다. 모든 것이 1인 기준으로 개조되고 있는 시대 아닌가 말이다. 장담하건대, 아직도 3~4인 가족 단위로 장사를 하겠다는 사람이 있다면 그 사람은 조만간 그 장사를 접어야 할 것이다. 세상의 변화를 빨리 감지하지 못한다는 뜻이기 때문이다. 당장 마트에 가보면 수박은 반 통씩 팔고, 편의점엔 1인용 도시락이 가지런히 쌓여 있지 않은가.

물론 대개의 사람들이 모두 이런 일을 똑같이 해내기는 힘들다. 그래서 이런 걸 무조건 따라 하라고 할 생각은 없다. 다만 무엇이 되었든 하지 않을 것을 정하는 일이 중요하다고 말하고 싶다.

말이 나온 김에 하지 말아야 할 것에 대해 하나만 더 이야기하고 싶다. 학습 계획서를 짤 때는 제발 연예인 스케줄처럼 짜지 말았으면 한다. 도저히 해낼 수도 없는 공부량을 설정해놓고 자기 혼자 지치는 학생들을 보면 자신의 하루 공부량도 모른다는 점이 금세 티난다. 내가 가르쳤던 그 어떤 학생도 그런 식으로 성공하지 못했다. 이렇게 의욕과 실행에 불일치를 보이면서 스트레스받지는 말아야 한다. 안 그래도 하고 싶지 않은 공부다. 공부를 줄이고 자신이 해낼 수 있는 범위의 공부를 하면 된다.

사소한 것부터 정리하기

78

큰일을 단번에 해내면, 지금까지 내 발목을 잡은 모든 것들이 해결될까? 확실히 그럴지도 모른다. 하지만 그러기가 쉽지 않다는 게 문제다. 일단 발목에 모래주머니를 찬 상태에서 멀리뛰기를 한 다음, 좋은 기록이 나오면 모래주머니를 풀겠다는 이야기나 마찬가지다.

자유롭기 위해서는 거창하고 큰 계획을 세워야만 하는 것이 아니다. 지금 즉시 내 주변을 정리하는 게 먼저다. 거창한 계획보다 사소한 행동이 변화를 가져온다. 그게 방청소가 되었든, 인간관계가 되었든, 뭐라도 상관없다. 내 삶을 돌아보고 정리할 것은 없는지 생각해 보아야 한다.

시험 때가 되면 왜 갑자기 안 하던 방청소를 하게 될까? 그래야 집중이 잘되기 때문이다. 방청소를 하는 과정은 시험이라는 멀리 뛰기를 위해, 모래주머니를 풀어버리는 과정이다. 많은 사람들이 시험공부 전에 방청소부터 하는 걸 보면 이건 본능이 아닐까 싶을 정도다. 공부만 아니면 뭐든지 재밌어진다. 심지어 청소도 말이다. 하지만 그때뿐이다. 시험이 끝나면 그동안 공부하느라 펼쳐둔 책이며, 먹다 버린 과자 봉지는 더 이상 관심사가 아니게 된다. 시험이라는 중요한 일이 끝났기 때문이다.

모든 것을 끌어안고 사는 사람들은 늘 일어나지 않은 일에 대해 염려하고 계획한다. 내 예전 여자 친구가 그런 사람이었다. 내가 그 친구의 집에 놀러 가면, 그 어마어마한 물건들에 압도당하는 기분이었다. 정리의 기본은 언제나 버리는데서 시작한다. 하지만 물건을 쌓아두는 사람들은 불안해서 도무지 버리는 법이 없다. 따라서 청소를 하려면 불안감을 없애는 것부터 시작해야 한다.

이 방에서 안 쓰는 물건을 몽땅 버려야 너에게 정신적 평화가 올 것이라 수차례 설득한 다음, 방을 정리하기 시작했다. 대형 쓰레기 봉투로 몇 개를 치우자, 바닥이 넓어지는 것이 보이기 시작했다. 바닥이 넓어지면 청소는 더 쉽다. 버릴 것과 그렇지 않은 것을 늘어놓고 선택할 수 있기 때문이다. 이 경우에도 당시의 여자 친구는 온갖 이유를 들어 단 한 가지도 버리지 못하게 했지만, 나는 말했다. "네가 6개월간 쓰지 않았으면, 앞으로도 안 쓸 거라는 뜻이야. 정말 필요하면 다시 사"

방을 정리하고 나서 딱 한 번, 그 사람이 나에게 필요한 물건을 버렸다고 투덜댄 적이 있다. 그래서 나도 대꾸해주었다. "그동안 너는 정신적 평화를 얻었잖아"

물건을 버리는 일이 왜 좋을까? 뭔가를 새로 살 때에도 신중해지기 때문이다. 함부로 사면 언젠가 또 버린다. 몇 번 반복하다 보면 쉽게 물건을 사면 안 된다는 걸 깨닫는다. 주머니가 늘 가볍다는 사실을 깨닫기 때문이다. 게다가 좋은 것은 또 있다. 공간의 소중함을 깨닫는다는 점이다. 나는 책을 좋아하지만, 3번 이상 볼 책이 아니면 도서관이나 동네 북 카페에 기증한다. 물건보다 공간이 더 좋아서다.

공간이 넓어야 마음도 평화롭고, 영감도 얻을 수 있다. 들어가자마자 온갖 것이 널린 지저분한 방을 상상해 보라. 그런 곳에서는 잠도 오지 않을 것이다.

그렇다면 인간관계는 어떨까. 카카오톡 같은 메신저 프로그램을 쓰면 자동으로 휴대폰에 있는 친구 목록을 불러온다. 문제는 휴대폰에 저장된 사람이 모두 '친구'는 아니라는데 있다. 그러니까 불편함이 생긴다. 친하지도 않은데 대화를 시도하거나, 새벽이나 주말에도 사소한 일로 연락하는 사람도 생기는 등의 문제가 나타나기 때문이다.

그래서 처음에는 연락을 더 이상 안 하는 사람들의 목록을 지웠다. 하지만 이제는 그보다 더 좋은 걸 한다. 메신저 자체를 쓰지 않는 것이다. 필요하면 문자를 달라고 한다. 그럼 나만 따로 챙겨주기 싫은 집단에서 자연스레 멀어질 수 있다. 멀어졌다는 말이 뭘 의미하는지 아는가? 애초에 그들과 내가 현실에서 꼭 만나야 할 만큼, 혹은 전화로 목소리를 들어야 할 만큼 가까운 사이는 아니었다는 뜻이다. 그런데 이미 메신저를 쓰고 있는 경우에는? 그래도 상관없다. '메신저 사용 안 함'이라고 프로필에 써두면 된다.

대개의 사람들은 인간관계를 넓히라고들 말한다. 나는 사람에 대해 이해하기 위해 다른 사람을 만날 수는 있다고 생각한다. 하지만 만나면 되는데 계속 전화만 하고, 전화는 안 하면서 페이스북에 '좋아요'만 누르느라 시간을 낭비해야 하는지는 의문이다.

앞날이 걱정이라서, 혹은 언제 도움을 받을지 모르니까 물건을 쌓아두거나 인맥을 쌓으려고 애쓰진 않았으면 좋겠다. 당장 내일이라도 배낭 메고 떠날 수 있을 것처럼, 당신이 가진 짐을 줄이려고 노력해 보라. 마음이 홀가분해지고, 삶이 단순해질 것이다. 자유로움은 그럴 때 느낄 수 있다.

덧붙이는 말1. 물건을 어떻게 정리해야 하는지 알고 싶다면 곤도 마리에의 『인생이 빛나는 정리의 마법』을 읽어보기 바란다. 정리를 잘하는 사람들이 물건과 공간을 어떻게 생각하는지 알 수 있다.

덧붙이는 말2. 메신저에서 내가 읽었는지 확인하는 '숫자 1' 이 신경 쓰인다면 비행기 모드로 전환한 뒤 문자를 읽으면 된다. 숫자를 지우지 않고도 읽을 수 있다.

해야 할 일 목록 지우기

수많은 자기 계발서들이 해야 할 일의 목록을 정해 일을 처리하라고 말하고 있다. 물론 그것도 좋은 방법이지만 목록을 무시하고 생각나는 대로 일을 처리하는 것도 괜찮다. 예를 들어 공부 계획을 짜놓고 공부를 하는 것이 일반적이긴 하다. 문제는 사람들이 자기가 할 수 있는 일보다 더 많은 계획을 세운다는 데 있다.

생산성을 높이기 위해서는 열심히 채워야만 한다고 생각하는데, 도리어 자꾸 비우는 연습을 해야 삶이 풍요로워진다. 애초에 비어 있어야 채울 수도 있기 때문이다. 뭔가 부족하다는 생각이 들어야 채워야겠다는 생각도 들지 않을까? 다시 말해 뭔가를 하고자 하는 힘은 여유가 있을 때 발휘된다.

수첩의 할 일 목록을 꽉꽉 채우는 일은 안정감을 준다. 목록을 볼 때마다 내 시야에 할 일을 다 담아두고 있다는 생각이 들기 때문이다. 하지만 그 막대한 일들이 내 눈에 끔찍한 짐일 수도 있다. 보면서 답답함을 느끼는 경우도 발생한다는 뜻이다. 이럴 거라면 목록을 쓰지 않는 편이 낫다.

게다가 굳이 목록을 적지 않아도 큰 문제는 발생하지 않는다. 나는 아침마다 수첩에 목록을 작성했지만, 실제로는 그 일을 하지 않아도 내가 놓치는 일은 없다는 사실을 알게 되었다. 보다 정확히 말하자면 내가 놓치는 일들은 놓쳐도 되는 일들이었던 셈이다. 그다지 중요하지 않은 일까지 붙잡고 있을 필요는 없다. 중요하지 않기에 주변에 어느 누구도 신경 쓰지 않고, 그래서 나도 주의를 기울일 필요가 없는 일이니까 말이다.

만약 정말로 중요한 일이라면 어떤 식으로든 내 귀에 들어온다. 그 일이 너무나 중요하기 때문에 주변 사람들이 반복해서 말할 것이기 때문이다. 학생들이 해야 할 과제 역시 수도 없이 많다. 그런데도 놓치지 않는 건 반마다 정보가 공유되는 과정이 자연스레 발생하기 때문이다.

목록을 적다 보면 한 가지 사실을 발견할 수 있다. 날마다 목록에 적긴 하지만 실제로는 하지 않는 일이 생기는 것이다. 예를 들면 운동의 경우 아침마다 피곤해서 도저히 할 수가 없지만, 하면 좋다는 걸 알기에 꼬박꼬박 수첩에 적는다. 그러나 그 일을 하지 않아 날마다 찜찜함만 느낀다면, 그 일은 당신이 하고 싶지 않은 일이라는 뜻이다.

수첩에 이런 일들이 늘어날수록 당신의 삶은 '해야 한다'는 생각으로 가득 찬 피곤한 삶을 살고 있다는 뜻이다. 남들이 좋다고 말하고, 당연히 해야 될 것 같은 일들이 정말로 당신이 원하는 일일까? 그렇지는 않다. 우리가 바라는 대부분의 것들은 사실 우리가 아니라 사회가 정해놓고 바라는 기준이다. 우수한 성적, 날씬한 몸매, 훌륭한 봉사 정신, 성실성 같은 것들 말이다.

목표를 기록하는 것은 좋지만, 기록의 의미는 그것들을 모조리 달성하기 위해서 하는 것이 아니다. 그저 당장의 내가 원하는 것을 기록할 뿐이다. 나중이 되면 의미가 없어질 일도 있을 수 있다. 지금은 내가 적는 목표들을 모조리 달성해야 한다고 생각하지 않는 편이 낫다는 말이다.

내가 지금까지 하다가 그만둔 것들 중에는 몇몇 컴퓨터 자격증 따기, 영어 회화, 프랑스어 회화, 일본어 회화, 수영, 승마, 요가, 피아노 같은 것들이다. 당장 생각나는 것만 이 정도다. 생각나지 않는 것들까지 합하면 내가 그만둔 것들은 훨씬 많을 것이다.

언젠가 그것들을 다시 하게 될 날이 올지도 모른다. 하지만 중요한 건 그걸 다시 하게 되느냐 아니냐가 아니라, 그것들을 손에서 놓아버림으로써 새로운 일을 찾을 기회를 얻게 되었다는 점이다. 새로운 일을 찾으면 당연히 하는 데까지는 해봐야 하겠지만, 안되면 목록에서 과감히 지워라. 그걸 붙잡고 있는 당신의 시간과 감정이 낭비되기 때문이다.

당신은 어떤가? 지금 하고 있는 일들 중 꼭 필요하지 않은 것은 무엇인가? 바로 그것들을 찾아내고 덜어내라. 예를 들면 풀지도 않을 문제집을 구매하러 서점에 방문하는 일 같은 건 '오늘의 할 일' 목록에서 당장 지워라. 살이 쪄서 걱정이라고? 그래서 다이어트해야 한다고? 당신이 스트레스받아서 자연스레 살이 빠지기를 원하는 게 아니라면 그것도 목록에서 지우는 편이 현명하다.

내가 학생들의 다이어리를 보면서 가장 한심스러운 것 중 하나. 말도 안 되는 분량의 영어 단어 외우기. 하루에 50개씩 단어를 외운다고? 다른 과목은 공부 안하고? 내가 가르치는 국어나 영어나 둘 다 언어 영역에 속하는 과목이다. 당신은 지금까지 하루에 국어 단어를 50개씩 외우라는 국어 교사를 만나본 적이 있는가? 정상적인 교사라면 어떤 국어 교사도 그런 식으로 학생들을 괴롭히지 않는다. 보다 정확한 의미와 미묘한 의미 차이를 느끼기 위해 단어를 찾아보고 공부할 순 있지만, 무식하게 단어를 암기하는 것만으로 해당 과목의 실력이 오르지는 않는다. 당신이 영어를 못하는 건, 영어 회화를 공부하지 않아서지 영어권 국가에서 태어나지 않았기 때문이 아니다.

공부 방법에 관해서 다루고 있는 책이 아니므로 이 주제는 여기까지만 이야기하겠다. 당신이 정말로 믿지도 않고 쓸모도 없다고 판단하는 일들, 바로 그런 일들을 당신의 할 일 목록에서 지워야 한다.

규칙 지우기

세상 사람들은 항상 자신만의 규칙을 가진다. 사회 질서 유지를 위해 꼭 필요한 것도 있겠지만 그렇지 않은 것도 많다. 사람들이 가지고 있는 규칙 중에는 인사 잘하기, 책 많이 읽기, 운동 많이 하기 등 끝이 없는 경우가 많다. 하지만 이 중 정말로 꼭 필요하거나 할 수 있는 것들이 몇 가지나 될까?

나는 한 때 책을 1년에 100권씩 보았는데 지금은 숫자에 집착하지 않는다. 그렇게 본다 한들 어차피 잊어버릴 내용이며, 책을 볼 때에는 집중해서 분야별로 보는 편이 실력 향상에 도움이 된다고 생각하기 때문이다. 어느 직업이든 그 직업에 속하기 전, 그러니까 취업 준비생일 때 가장 책을 많이 볼 수 있다. 현직 교사가 깊이 있게 책을 읽을 시간이 과연 얼마나 될까? 독서토론을 전문적으로 지도하시는 선생님의 말씀에 따르면, 한 학기에 2권 이상은 어렵다고 말씀하신다. 내가 보기에도 다른 일을 멈추고 의도적으로 책에 몰입하지 않는다면 그 정도가 한계일 것 같다.

내 경우에는 100권의 책을 보면서 느끼는 것은 지식이나 교양이 아니라 자만이었다. 남들이 쉽게 해낼 수 없는 것을 해낸다는 것에 대한 자만. 책을 많이 보는 것은 나에게 도움이 되는 것이 아니라, 도리어 해가 되는 일이었던 것이다. 그래서 올해부터는 책을 '보고 싶을 때만 본다, 한 번 보면 30페이지 이상 본다' 로 정했다. 독서량은 줄었지만 그래도 1년에 30~40권 이상은 보는 것 같다. 그 정도면 충분하지 않을까?

책을 많이 본다고 하면 누구는 부러워하고, 누구는 자신도 그렇게 하고 싶다고 말한다. 아마 세상이 책을 많이 읽는 사람에 대해 호의적이기 때문인가 보다. 하지만 나는 책만 보고 말은 번지르르하게 하면서 말과 행동이 일치하지 않는 사람들을 정말 많이, 정말 수도 없이 많이 보았다. 이런 경우는 책의 내용을 삶 속에서 실천하는데 게을러서 나타나는 현상이다. 실제 내가 학생들에게 가르치는 것 중 하나는 '말이 많은 사람, 말을 잘하는 사람을 가까이하지 말라'는 것이다.

학생들의 또 다른 관심사인 다이어트는 어떨까? 다이어트야말로 인간의 지상 과제인 것 같은 시대가 되었다. 그러나 여태껏 다이어트를 하지 않았는데 지금부터 갑작스레 다이어트를 해야 하는 이유가 무엇인가? 예뻐 보이고 싶어서? 그 자체가 부질없다. 그거야말로 남을 의식하며 산다는 분명한 증거이기 때문이다. 만약 TV에서 하루 종일 늘씬한 연예인들을 보여주는 게 아니라면, 당신은 생각보다 그런데 덜 민감할지도 모른다. 살을 적당히 빼는 것이면 몰라도, 하루 종일 학교에서 앉아 있는 학생들이 무리해서 다이어트를 하는 게 쉬운 일이 아니다. 일단 앉아 있는 행동 자체가 살이 찌는 자세인데 그게 쉽겠는가? 당장 할 수 없는 것이라면 일단 제쳐두어라. 과도한 식이요법이나 운동으로 살을 빼는 방법은 피해야 한다.

차라리 공부를 덜하고 성적이 다소 떨어질 걸 각오한 학생이 다이어트를 하는 거라면 걱정하지 않겠다. 그런 경우라면 나쁘지는 않다. 그러나 운동을 하면서도 이번에는 공부 시간이 줄어들어 걱정할 거라면, 차라리 다이어트에 대한 욕망은 버려라. 자신의 선택을 자신이 감당할 수 있는지부터 점검하는 일이 먼저다. 각오도 되어 있지 않은데 이런저런 계획과 규칙을 세워 자신을 얽매는 사람은 스스로를 힘들게 할 것이다.

세상이 세운 규칙을 다시 생각해보라거나 규칙을 지우라는 내 말은 반사회적으로 살라는 말은 아니다. 지나친 엄격함으로 자신을 힘들게 하지 말아야 하며, 때론 자신이 세운 규칙마저 넘어설 수 있을 정도의 자유로움이 필요하다는 말이다. 그럴 수 있을 때 나 자신을 사랑할 수 있다. 남에게 크게 민폐가 되는 게 아니라면, 나는 무엇이든 일부러라도 규칙을 깨보라고 말하고 싶다.

학교 규칙에 관해서라면, 항상 가장 많이 나오는 이야기는 교복과 두발 단속이다. 나는 사실 교복과 두발 단속이 학생의 성장에 어떤 긍정적 기여를 하는지 아직 답을 찾지 못했다. 자유로움이나 창의성을 기르는 데에도 어떤 도움이 되는지 말해주는 사람을 만난 적이 없다. 단정한 모습을 보면 아무래도 마음이 편할 수는 있지만, 그건 그 사람이 여지껏 그렇게 교육받아왔기 때문이 아닐까?

특히 여전히 일부 학교에선 명찰을 교복 위쪽에 오버로크로 박아 넣어 이름을 숨길 수 없게 하는 경우가 있는데, 이는 올바른 일이 아니라고 생각한다. 물론 학생지도 차원에서 이름이 노출되면 학생들은 행동을 좀 더 조심하게 될지도 모른다. 하지만 그로 인해 발생하는 교육적 효과가 과연 어느 정도인지, 그리고 인간이라면 누구나 누려야 할 기본권보다 우선될 수 있는지는 생각해볼 문제다.

그런 점에서 전북의 한 사립중학교에서 바지 지퍼 안쪽에 명찰을 부착한 사건은 그야말로 황당함을 넘어 엽기적이기까지 하다. 사건의 내용은 이렇다. 전북교육청이 학생 인권을 고려하여 명찰을 교복에 영구 부착하는 일을 하지 말라고 공문을 보냈다. 그러자 한 학교에서 이를 '보이지 않는 곳에 명찰을 부착하라' 는 말로 오해하고 바지 지퍼 안쪽에다 오버로크해서 부착한 것이다. 이 사실이 알려지고 학부모들은 당연히 항의했고, 학교 측은 교복 바지를 전부 회수해 벨트 안쪽에 다시 명찰을 부착했다고 한다. 이런 일은 애초에 학교담당자들이 인간의 인권과 감수성을 생각했다면 도저히 발생할 수 없는 일이다.

삶을 잘 살아가기 위해 때론 세상의 규칙에 도전하라. 고정된 세상의 가치관에 계속 아프더라도 부딪치고 도전하라. 처음에는 세상이 당신을 우습게 여길 것이다. 하지만 그렇게 연마된 10대, 20대의 당신은 언젠가 세상이 두려워하는 30대가 되어 있을지도 모를 일이다.

혼자 있는 시간 늘리기

나는 혼자 밥을 먹는데 익숙하다. 어느 정도로 익숙한가 하면, 혼자 밥 먹는 것이 다른 사람과 밥을 먹는 것보다 훨씬 편하다. 다른 사람과 메뉴를 조정하는 과정은 매번 괴로움이다. 상대를 배려하며 메뉴를 정하는 시간은, 인원수가 많을수록 기하급수적으로 늘어난다는 특징이 있다. 혼자 있는 것을 좋아하기도 하지만, 그런 피곤함을 피하고 싶어 혼자 먹는 편이기도 하다.

대학교에서 혼자 밥을 먹을 때마다 다른 사람들이 "왜 혼자 먹어?"라고 물으면, 나는 "왜 같이 먹어야 하는데?"라고 다시 묻곤 했다. 그 경우 답은 늘 "그냥"이었다. 내가 대학생일 때만 해도 나 같은 사람은 이상한 사람이었다. 그러나 10년이 지난 지금, 혼자서 밥을 먹는 사람이 딱히 이상하게 취급받진 않는다. 그런 사람이 자연스레 늘었기 때문이다.

집단생활을 강조하는 분위기에서 혼자 독립을 외치는 일은 눈총을 맞는다. 그런 식으로 살면 안 된다는 이야기는 지겹도록 들어야 한다. 무시해라. 잘 살고 있다는 뜻이다.

왜 그럴까? 자신의 삶을 주도하는 일은 본래 혼자 있을 때 잘되기 때문이다. 남의 의견을 수용만 하고 자기 생각을 정리할 수 없으면 무슨 소용이겠는가. 혼자 있는 시간을 늘리면 자유로워지는데 유리하다. 남과 굳이 같이 있지 않아도 되는 시간을 늘리는 일은, 스스로를 단련하는데 도움이 된다.

직장 생활을 할 때 술자리에 끼기 싫은 이유는 남의 말을 하게 되기 때문이다. 그다지 생산적이지도 않고 감동도 없는 이야기를 도대체 왜 들어야 하는가. 나는 교사니까 술자리에 어쩌다 가게 되면 듣는 이야기는 늘 교육철학에서 시작했다. 그리고 다른 교사들이 어떠니 하는 이야기를 들었고, 그다음은 어떤 학생은 참 힘들다는 이야기가 많았던 것 같다. 이러한 이야기 어디에서 즐거움을 느낄 수 있단 말인가.

그러나 매번 거기서 끝났다. 결국 바뀌는 것은 없었고, 술자리에서 하는 이야기는 매번 그런 바뀌지 않는 현실에 관한 이야기뿐이었다.

하지만 냉정히 생각해 보면, 그런 것들이 과연 무슨 도움이 되는

가. 어차피 마음에 들지 않는 사람은 바뀌지 않을 것이다. 직장의 경영 방침도, 새로운 관리자가 오기 전까지 달라지진 않을 것이다. 매번 술자리를 가진다 한들 그렇게 힘겹게 모은 돈을 마구 써대고, 얻는 것은 위장병과 길어진 카드 명세서 외엔 없지 않은가.

　어차피 세상이 그런 것이니 적응하고 살라는 말을 하고자 함이 아니다. 그런 자리에 계속 나가봐야 달라지는 것이 없으니, 차라리 자신이 혼자 할 수 있는 일을 찾아보자는 것이다. 내가 바꾸기 힘든 것에 집착하느니, 내가 할 수 있는 일에 집중하는 편이 낫다는 말이기도 하다. 힘든 일을 털어놓으면 속은 편하겠지만, 실제 바뀌는 것은 없다. 게다가 남의 험담을 들어주는 것도 한두 번이지, 계속되면 그것 역시 지겹기는 마찬가지다. 무엇보다 남의 험담을 듣는 자리에서는 나도 분위기에 동조되어 같은 행동을 할 가능성이 높아진다. 내 입도 지저분해지는 것이다. 혼자 있는 시간을 늘리는 것은 그런 자리에 끼지 않겠다는 선언이다. 단체 활동에 자꾸 빠진다고 눈치를 볼 수는 있겠지만, 입이 지저분해지는 것보단 낫지 않을까.

　그럼 혼자 있는 시간엔 무엇을 해야 할까? 그건 어디까지나 본인이 결정할 일이다. 무시받는 게 싫어 현재 직종과 관련된 공부를 할 수도 있고, 다른 분야의 공부를 할 수도 있다. 음악을 듣거나 운동을 하는 경우도 있다. 그 모든 게 개인의 선택이다. 나 같은 경우는 공부를 하거나 글을 쓴다. 글을 쓰면서 내가 겪은 일을 정리하면, 생각을 정리하는 데도 도움이 된다. 부당한 일을 당했을 경우도 마찬가지다. 주변에 이야기해봐야 별로 좋은 이야기를 들을 것도 아니니까 되도록 그냥 적는다.

학교에 있다 보면 대략 세 부류의 사람을 만난다. 첫째, 죽도록 일하는 유형이다. 이런 유형들은 학교 문 닫는 시간을 본인들이 정한다. 둘째, 자기 삶을 찾는 유형이다. 일은 일이고, 퇴근 시간이 되면 학교를 나가 자기가 하고 싶거나 해야 할 다른 일을 한다. 셋째, 일을 하는 것도 아니고, 노는 것도 아닌 유형이다. 그저 자기 자리를 오래 지키고 있지만, 특별히 그래야 할 이유도 없는 유형이다. 그저 시간을 때우는 것이다.

나는 첫 번째 유형이었지만, 두 번째 유형으로 바꾸었다. 열심히 수업을 준비한다 한들, 어차피 수업 분위기나 상황, 학생들의 이해력은 반마다 다르다. 따라서 애써 수업을 대본 수준으로 계획하는 것이 의미가 없다고 생각한다. 그런 수업은 공개 수업하는 날만으로도 충분하다는 게 내 생각이다.

대신 수업 중에 학생 반응에 순발력을 발휘하고 수업을 잘 이끌어가려면 다양한 것을 알아야 하기 때문에, 많은 책을 보는 것이 낫다는 결론을 내렸다. 그래서 자주 책을 읽거나 필사를 한다.

성장은 다른 사람과 함께 할 때도 가능하지만, 혼자 있는 시간의 외로움을 견딜 때에도 가능하다. 자유롭다는 것은 본디 외로움을 동반하는 것이다. 세상은 하나를 얻고자 하면, 하나는 내어놓아야 한다. 구속에서 벗어나고 싶으면, 외로움을 견뎌야 하는 것은 어쩔 수 없다. 혼자 있는 시간은 남에게서 스스로를 격리함으로써 확보되는 시간이다. 이 시간을 온전히 나에게 쓰기에 좋은 것을 찾아 꾸준히 하면 좋다. 무엇을 하든 중요한 것은, 남들이 있는 곳에 모조리, 그리고 '어쩔 수 없이' 참여하려는 자신에게 제동을 거는 것이기 때문이다.

옳은 것에 집착하지 않기

살아가면서 기준이 있으면 참 편하다는 것을 알 수 있다. 가령 해산물 요리를 좋아하는 사람은 외식을 나갈 때마다 자기 기준이 있으니, 무엇을 먹을지 고민하는 시간도 줄지 않을까?

사람들은 그래서 제각기 자기만의 기준을 은연중에 만들어 사용한다. 그러나 기억해야 할 것은, 어디까지나 자기의 기준이 절대로 옳은 것은 아니라는 점이다. 해산물 비린내를 감당하지 못하는 사람에게 해산물 요리는 기피 대상일 뿐이니까 말이다.

살아가는 기준이란 사람마다 다르다. 모두가 지켜야 할 규칙이란 것도 분명 있지만, 사람들이 그것을 모조리 잘 지키며 살기란 여간 힘든 것이 아니다. 대개의 교사들은 이 점을 알고 있다. 그래서 교사별로 강조하는 점에 차이가 있다.

예를 들면 학급 담임들이 많이 요구하는 것이 지각하지 말 것, 청소 깨끗이 할 것 이 두 가지다. 학생부장 교사는 금연, 제대로 된 교복 착용 등이 우선일 것이다. 수업 중에 잠은 절대 허용 안 하는 교사, 예의 없는 학생은 참지 못하는 교사처럼 교사마다 학생에게 바라는 모습은 각양각색이다. 만약 너무 많은 것을 요구하는 사람이 우리 담임 선생님이라면? 진심으로 위로하겠다. 포기해라. 그게 당신 팔자니까.

이건 좀 다른 이야기지만 학생 입장에서 교사에 대해 빨리 파악하면 좋은 점이 있다. 자기 생활이 편해지는 것이다. 학생들은 이 점을 경험으로 잘 알기 때문에 교사를 빨리 파악하는 것 같다. 내가 보기엔 교사가 학생을 파악하는 것보다 학생이 교사를 파악하는 속도가 훨씬 빠르다. 솔직히 교사가 학생 눈치 볼 일이 얼마나 되겠는가. 학생이 교사 눈치를 보니까 당연히 눈치가 더 빨라진다.

세상의 모든 옳은 것을 요구하는 사람이 학급 담임이라면 얼마나 삶이 힘들겠는가. 그러니 당신도 그런 삶을 살지 않았으면 좋겠다. 살아가는 게 너무 팍팍하고 힘들 것이다. 이런 사람은 자신뿐만아니라 남도 힘들게 한다. 자신에게 엄격한 사람은 남에게도 엄격하기 쉽기 때문이다.

나에게 있어 좋은 삶이란 언제나 옳은 것을 추구하는 것이 아니라, 자신에게 좋은 것을 추구하는 것, 그래서 내가 남을 위해 억지로 '희생했다'는 느낌이 들지 않는 것, 그 결과 자유롭고 행복한 느낌으로 가득한 삶이다. 우리는 남을 위해 참고 희생하는 사람을 깊이가 있다고 말하며 그런 사람을 좋아한다. 하지만 나는 그런 사람이 되는 것은 사양이다.

나의 경우를 예로 들자면, 나는 전문계 학교에서 그야말로 죽도록 일했었다. 일주일에 7일을 일했고, 주당 근무 시간이 100시간은 가볍게 넘겼으니까, 정말로 열심히 일했다고 할 수 있다. 이게 무슨 뜻인지 이해가 안 된다면 다시 말해주겠다. 나는 날마다 네이버에 올라오는 주요 기사가 무엇인지 몇 달간 전혀 알지 못했다. 인터넷 기사를 볼 시간이 전혀 없었기 때문이다.

교사는 언제나 학생을 열심히 가르쳐야 한다고 생각했고, 그래서 정말로 헌신적으로 노력했다. 그러나 그럴수록 불만도 쌓여갔다.

'나만 왜 이렇게 노력해야 하지?
'다른 사람들은 뭘 하고 있는 거지?

이런 생각이 들었기 때문에 점점 지치는 느낌이 들었다. 어느 정도는 사실에 근거한 경우도 있었겠지만, 어쩌면 오만함이었는지도 모른다. 나는 다른 사람보다 더 열심히, 성실히 일하는 '올바른' 인간이라고 생각하고 싶었던 건지도 모르겠다.

나는 그런 삶을 사는 것은 포기했다. 대신 나는 더 느긋하고, 하고 싶은 일을 즐기며 산다. 토요일에도 학생을 붙잡고 수업하는 대신, 주말이면 공부를 한다. 요새 계획하고 있는 것은 인근 카페에 가서 요리를 배우는 것이다. 주말에 하루를 내가 장사를 도와주는 대신 나는 언제든지 빈 시간에 가게에서 글을 쓸 수 있다. 요리를 배우는 것과 함께 일종의 작업실이 확보되는 셈이다. 거기 사장님도 나와 비슷한 성향이고 서로의 이야기를 잘 들어주는 편이어서 마음도 잘 맞는 편이다.

살아간다는 건 스스로 의미를 구성해가는 일이다. 교사는 죽도록 학생을 위해 헌신해야 한다고만 생각했다면, 그래서 주말에도 계속 수업만 하고 있었다면, 나는 틀림없이 말라죽어가고 있을 것이다. 내가 원하는 삶은 스승의 날 표창을 받는 삶이 아니라, 그저 자유롭게 사는 삶이다.

만약 내가 항상 뭔가 힘든 상태에서 학생들을 대한다면 학생들이 모를 리 없다. 앞서도 말했지만 학생들은 눈치가 상당히 빠르기 때문이다. 그런 분위기가 전염되는 상황이 좋은 상황일까. 나는 아니라고 본다.

누구나 이야기하는 옳은 말에 집착하지 말아야 한다. 헌신, 희생, 봉사 같은 사회의 기준보다 중요한 것은 마음의 소리다. 가만히 내면에 집중해 보라. 내가 '무엇을 해야 하는지'가 아닌, '무엇을 하고 싶은지'에 대한 소리가 들려온다. 내가 정말로 하고 싶지 않은 일이라면, 그것이 나의 삶을 갉아먹도록 내버려두지 말아야 한다.

남다르게 생각하기

인문계 학생들에게 잠잘 시간이 모자란 것은 분명한 사실이다. 기숙사에서 잠자는 시간이 너무 늦다는 것도 이야기했다. 그러니 자꾸 수업 중에 잔다. 이런 문제를 어떻게 해결할까 고민을 해봤는데, 내가 교장이라면 이럴 것 같다.

먼저 기숙사는 무조건 11시에는 강제로 취침을 시키겠다. 더 공부하고 싶다는 학생이 있다면 징계를 줄 생각이다. 거기에는 두 가지 이유가 있는데, 첫째는 그것이 공동체를 파괴하는 행동이기 때문이다. 누군가 한 명이 잠을 안 자면, 다른 학생도 불안해서 잘 수가 없다. 그 결과 공동체 모두가 피폐해진다. 이런 문제를 해결하려면 강제 취침은 꼭 필요한 제도다. 두 번째는 밤에 공부하는 것이 교사에 대한 모욕이라 생각하기 때문이다. 애초에 잠이란 쉽게 줄일 수 있는 것이 아니다. 학생들도 이를 알고 있다. 알면서도 밤에 자습을 더 하겠다는 말은 다음날 수업을 듣지 않겠다는 말과도 같다.

야간 자율학습에 대해 말하자면, 그게 필요하다면 하면 된다. 마찬가지로 그게 필요치 않다면 안 하면 된다. 대안 없이 학생을 방치하는 건 무책임한 것 아니냐는 반론이 있을 수 있는데, 내가 봤을 땐 지나치게 앞서가는 걱정이다. 왜냐하면 학생들은 자기 인생을 책임질 기회를 가져 본 적도 없기 때문이다. 당연히 일시적 혼란은 오겠지만, 더 나은 대안을 찾기 위한 사회적 고민 없이 '상황을 그대로 유지해서 문제를 일으키지 말자' 는 태도는 옳지 못하다.

휴대폰 사용도 마찬가지다. 고등학생들의 교내 토론 주제 중 단골이 '휴대폰 사용 찬반 여부' 다. 나는 이 주제를 볼 때마다 창피하다. 이미 수도 없이 우려먹는 주제 아닌가. 세상은 변해가는데 학교만 여전히 변화를 거부한다는 뜻이기도 하다. 스마트 교육을 하라고 하면서 스마트 기기를 쓰지 못하게 한다. 얼마나 어이없는 이야기인가. 태도의 일관성을 보여주지 못할 것 같으면 아름다운 말 따위 아무 쓸모없다.

많은 교사들이 휴대폰 사용이 공부를 방해하기 때문에 사용해선 안 된다고 말한다. 하지만 휴대폰을 공부에 어떻게 사용해야 하는지 가르쳐주는 교사 역시 찾기 힘들다. 예를 들어 전자기기로 할 수 있는 좋은 것 중 하나는 전자책을 보는 것인데, 학생들은 전자책을 잘 보지도 않을뿐더러 이런 것이 있다는 것도 모른다. 작년에 학생들에게 전자책을 어떻게 볼 수 있는지 시범을 보여준 적이 있었는데, 학생들이 꽤나 신기해했다. 다시 말해 그전까지 그런 것은 배워 본 적도 없다는 이야기다. 기계를 활용하지 말라고 하는 것은 현실적이지 못한 발상이다. 휴대폰을 거의 모든 학생이 가지고 있는 상황에서, 그것을 금지할 것이 아니라 어떻게 효과적으로 활용하게 만들 것인지 생각하는 편이 낫다.

전문계 학교와 인문계 학교를 비교해보자면, 관리자에 따라 다르긴 하겠지만 전문계 학교가 무언가 새로운 시도를 하는 데 있어서는 훨씬 편했다. 왜냐하면 전문계 학교는 학교 분위기 자체가 느슨해서, 내가 뭘 하든 아무도 관심이 없기 때문이었다. 그러니 원하면 아무것이나 시도할 수 있었다. 돌이켜 보면 내가 교사로서 더 크게 성장한 곳은 인문계가 아니라 전문계 고등학교였다.

반면 인문계는 다르다. 인문계 학교는 그보다 훨씬 폐쇄적이다. 이런 분위기에서 교사가 교육적으로 의미 있는 시도를 아무리 한다 한들 죄다 막히는 것은 당연하다. 그렇게 되면 더 이상 아무것도 하지 않게 된다. 많은 교사들은 그렇게 단순 직업인이 된다.

남다르게 생각한다는 건 수많은 저항을 불러일으킨다. 사회가 인정하는 범위를 벗어나 새로운 시도를 할 때마다, 기존의 질서가 파괴될까 두려워 전전긍긍하는 사람들이 생각보다 많다. 당신이 자신만의 영역을 발견하고 새로운 시도를 하려 한다면, 그것이 무엇이든 틀림없이 저항에 부딪칠 것이다. 하지만 이때 중요한 건 기존 세상의 반발에 어떻게 대응할 것이냐는 점이다.

나의 경우를 예로 들자면, 나는 나에게 모든 것을 지적하는 학교에서 꼬박 1년 6개월을 참았다. 하지만 내가 얼마를 더 참든 학교는 변하지 않는다는 사실을 확인했고, 그래서 싸우기로 결심했다. 문제가 되는 것은 대개 수업 방침의 문제였다. 내가 요구하는 것들은 언제나 학교에선 사줄 수 없는 것들이었다. 그 자세한 내용을 여기에 다 옮길 수는 없지만, 온갖 관료 절차와 신경 써야 하는 문제 등을 생각하다 보면 '도대체 내가 왜 이 일을 해야 하는가' 하는 생각까지 들었다. 그래서 지금은 학교에 어떤 도움도 요청하지 않고, 내 힘이 되는 한도 내에서 내 방식대로 일한다.

인문계 학교의 교사란 시간과 돈을 바꾼 사람들이다. 한 학기 보충수업비면 내가 원하는 수업을 하는데 필요한 돈은 모을 수 있다. 그리고 그 정도 되는 돈이면 내가 원하는 수업을 준비하기 위해 상당한 돈을 쓸 수도 있게 된다. 실제 나는 한 학기 동안 노력해서 번 돈을 몽땅 교재 구입비로 썼다. 왜 그랬을까? 내가 성공할 거라는 확신이 있었기 때문이다. 내가 하려는 수업은 이미 검증된 방식이었고, 수많은 뛰어난 선배 교사들이 이미 그 수업을 하고 있었다. 다만 내가 근무하는 지역에서만 아무도 모르는 방식이었을 뿐이다. 내가 하려는 수업 방식을 적용한 교사가 주변에선 아무도 없었고, 의사결정권자의 마음에 들지 않았을 뿐이다.

하지만 확신컨대, 같은 수업 방식을 거쳤던 학생들은 이 수업을 통해 자신이 얼마나 많은 생각을 할 수 있는지 깨달았을 것이다. 강의식 수업 시간엔 아는 것도 없고 재미도 없어 엎드려 잠만 자는 학생들도, 협력학습 방식으로 수업을 하면 잠을 자기는커녕, 졸지도 않게 된다. 그럼 일단 떠들기 시작하고, 친구 말에 귀를 기울이기 시작한다. 학생 참여식 수업을 강의식 수업보다 높이 치는 이유는 그 때문이다.

세상은 결국 투쟁의 장이다. 기존의 질서를 유지하려는 자와, 새로운 변화를 원하는 자 사이의 싸움 말이다. 그 싸움에서 기존의 질서를 택하는 순간, 나는 썩어버린다. 그리고 그 순간 다른 사람이 내가 있던 위치를 차지하게 될 것이다.

변화를 시도한다는 건 자유롭다는 증거다. 기존의 질서를 유지에만 매달리는 자들은 정신이 박제된 자들이다. 그건 나이와 상관이 없다. 나이가 적어도 보수적인 사람도 있고, 나이가 들어도 여전히 열린 사고방식을 갖고 있는 사람도 있으니까 말이다.

당신이 남과 다른 생각으로 세상을 살기 위해 노력할 수 있었으면 좋겠다. 그리고 필요하면 싸웠으면 좋겠다. 기존의 질서에 아무 생각 없이 따라가는 것은 안 된다. 설령 따라간다 할지라도 충분히 고민하고, 그럴 만한 가치가 있을 때에만 그렇게 해야 한다. 남이 세워놓은 이정표가 진짜인지 가짜인지, 매 순간 의심하고 확인하는 버릇을 지니는 습관은, 당신을 남과 다르게 만들어 준다.

더 게을러지기

언젠가 어떤 교장 선생님께 이런 말을 들었다.

"교원 평가는 꼭 필요하다. 더 열심히 일하고 더 노력하는 사람에게 대가를 많이 지불해야 함은 당연하다"

아마 많은 사람들도 똑같이 생각하지 않을까. 인터넷 기사나 밑에 달린 댓글들을 보고 있자면 성과주의에 대한 믿음이 꽤나 큰 것 같다. 하지만 난 능력주의 사회라는 게 참 이상하다는 생각이 든다. 능력이라는 보이지 않는 것을 객관적으로 측정한다는 게 과연 쉬울까? 성과라는 게 운이 조금도 작용하지 않은 결과일까?

내가 학창 시절 열심히 놀았던 이유는 공부를 해도 점수가 안 오르는 과목이 있다는 걸 분명히 알고 있었기 때문이다. 많은 사람들은 그런 경우 공부를 '더 열심히' 해야 한다고 생각한다. 하지만 정말 열심히 했는데도 안 되는 거라면 그 시간에 다른 일을 하는 게 낫지 않을까 싶었다. 내가 야자 시간에 책을 읽고 음악을 들었던 이유는 그 때문이다.

최근에는 '열심히'라는 말이 '성과주의'와 연결되는 분위기다. 성과주의란 결과 만큼 돈을 주겠다는 지극히 간단한 발상이다. 하지만 『미라이 공업 이야기』에서 저자인 야마다 아키오는 인간이 인간을 평가하는 한, 성과주의는 도입할 생각이 없다고 말했다. 평가할 때는 개인의 감정이 들어가므로 공정한 평가라는 건 어렵다는 것이다. 이게 무슨 말이냐고? 누구나 편견을 갖고 있다는 말이다.

물론 어떤 집단이든 사람이 많아지면 많아질수록 열심히 일하지 않는 사람이 늘어나는 건 사실이다. 그런데 세상에는 '파레토의 법칙'이라는 것이 있다. 위키백과에 따르면 '전체 결과의 80%가 전체 원인의 20%에서 일어나는 현상'이라고 정의되어 있다. 예를 들어 조직 내 20%의 사람만이 열심히 일하고 80%는 농땡이를 부린다는 뜻이다. 진짜 중요한 일은 20%에 해당하는 사람들이 거의 다 해낸다는 뜻이다. 만약 이 말이 사실이라면 당신이 어느 집단에 속하든, 어차피 80%의 게으름 피우는 사람을 보게 될 것이다. 이것이 당신이 4인 1조가 되어 조별 과제를 할 때 1명만 열심히 하는 모습을 보게 되는 이유다. 인간성이란 본디 그런 것이니, 만약 당신이 그 한 명에 해당되더라도 너무 화내지는 않았으면 좋겠다.

아무튼 이 사회적 '열심 강박증' 때문에 '성과주의'라는 것이 나타난다. 하지만 성과주의야말로 일을 똑바로 해본 경험이 없는 바보가, 과도한 창의성을 발휘한 결과라는 게 내 생각이다. 왜냐하면 앞에서 말했듯이 요새의 성과라는 건 눈으로 측정 불가능한 것이 너무 많기 때문이다. 예를 들어보자. 여기 두 명의 의사가 있다. 한 명은 오진을 줄이기 위해 환자의 이야기에 집중하는 의사다. 환자의 병력을 자세히 살펴보고, 처방을 내리는 데도 신중하다. 이 의사는 하루에 20명의 환자밖에 받지 못한다. 또 다른 의사는 한 환자당 2분 이상 진료하는 법이 없는 의사다. 이 의사는 하루 50명의 환자를 받을 수 있지만, 오진율은 더 높다. 대신 병원에 더 큰 수익을 가져다준다.

자, 둘 중 어느 쪽이 더 좋은 '성과'를 냈는가? 병원의 입장에선 두 번째이고, 환자의 입장에선 첫 번째가 아닐까? 그런데도 사람들은 희한하게도 환자에게 더 충실한 첫 번째 의사에게 매몰차다. 편하게 일하면서 도대체 같은 시간 동안 한 게 뭐냐는 것이다. 문제가 생기면 그 손해는 바로 자신들이 감당해야 하는데도 말이다. 인터넷 기사 밑의 댓글들을 보면, 사람들이 이치를 따져 가며 생각하는 일에 얼마나 게으른지 바로 알 수 있다.

사람은 의식적으로 훈련하지 않는 한, 아니 그렇게 노력한다 해도 모두를 똑같이 대할 수 없다. 당신이 아무리 노력해도 당신에게 용돈을 주는 부모님과, 당신에게 빌려간 돈을 갚지 않는 친구를 똑같이 생각할 수는 없다는 말이다. 지금도 올림픽에서 얼마나 많은 판정 시비가 일어나는지 생각해 보면, 인간에게 객관성을 요구하는 일이 얼마나 허망한 것인지 알 수 있다. 교육계도 마찬가지다. 학생을 '투입-산출'의 대상으로 보는 생각을 가진 사람들이 여전히 많은 곳이 교육계이니, 그런 모습을 자연스레 몸에 익히는 현상이 대물림된다. 그런 상황에서 교사가 학생의 입장을 고려한다? 찍히지나 않으면 다행이다.

물론 진실된 교사들도 분명 있다. 학생을 가르치는데서 보람을 느끼는 진짜배기 교사들은 그런 일에 무관심하다. 내가 만나본 그런 부류의 선배 교사들은 어딘지 모르게 '멋'이 있다. 나는 그 멋을 '여유'로 해석하는데, 죽도록 일해서(즉, 학생을 쥐어짜듯 공부시켜서) 성과를 내려는 교사에게서 '멋'을 느낀 적은 한 번도 없었다.

나도 당신도 기계가 수많은 일을 대신해주는 시대에 산다. 아마존의 택배 배송은 사람 대신 드론이 하기 위한 조건을 갖춰가고 있다. 구글의 번역 기능은 당신을 외국어 공부에서 해방시켜 줄지도 모른다. 그리고 테슬라 모터스의 오토파일럿 기능은 자동차의 완전한 자율주행을 가능케 하는 날이 올 것이다.

요컨대 사람이 할 일이 점차 줄고 있는 것이다. 그렇다면 세상은 점점 편해져야 한다. 하지만 꼭 그렇지만도 않은 것 같다. 세상은 도리어 복잡해지고, 점차 알 수 없는 곳이 되어가는 느낌이다. 게다가 사람들이 일하는 시간은 어찌 된 일인지 점점 늘어난다. 회사에선 퇴근 후에도 카카오톡을 통해 업무 지시를 내리는 상사가 늘어났고, 직원은 상시대기 해야 하는 상황이 되었다. 나만 하더라도 정말 하고 싶지 않았지만, 반 학생들 전체에게 공지사항을 주말에 전달하는 경우가 두세 차례 있었다. 이제 주말은 쉬는 날이 아니라 재택 근무하는 날로 바뀌는 실정이니, 기술의 진보는 사람의 여유로움이 아니라 노동력 착취만 가져오는 방향으로 나아간다.

기계의 발달이 인간의 삶을 자유롭게 해주는 것이 아니다. 스마트폰이 있어 당신이 더 여유로운가? 아니다. 당신은 스마트폰의 노예가 되어 있을 뿐이다. 그 예로 당신이 휴대폰을 집에 두고 외출하면, 당신은 다시 집으로 돌아가게 된다. 휴대폰이 당신을 집으로 불러들이는 것이다. 그리고 스마트폰을 데리고 다시 외출한다. 우리는 그렇게 기계에 지배당하며 산다.

그런 당신이 세상으로부터 자유로워지는 방법은 무엇일까? 지금보다 더 게을러지겠다는 단호한 의지를 갖고 실천하는 것이다. 의도적으로 쉬고 삶의 여백을 두는 방식을 연습하고 생활 태도로 만들어야 한다. 세상의 요구 기준에 일일이 맞추지 않아도 괜찮다. 그래서 나는 당신이 더 게을러졌으면 좋겠다. 우리 모두 게을러져야 세상이 돌아가는 속도를 늦출 수 있다.

우리는 더 열심히 살고 더 많은 것을 생산하는 것을 미덕으로 생각해 왔지만, 곰곰이 생각해 보라. 그게 꼭 미덕일까? 그냥 우리가 그렇게 학습된 게 아닐까? 더 느긋하게 살고, 먹고 살기 위해 필사적이지 않아도 되며, 보다 편안함을 느끼며 사는 게 정상 아닐까? 왜 굳이 바쁘게 살고 뭐든 잘해내며 살아야 할까? 더 게을러지고 싶은 게 우리의 소망이라면 왜 그렇게 살면 안 된단 말인가?

우리는 유럽형 선진국의 교육과 복지 수준을 보면서 한껏 부러워하지만 정작 따라하지는 못한다. 두렵기 때문일 것이다. 해보고 나서 안 되면 돌아오면 되는데 단 한 발짝도 움직이지 못한다. 부러워는 하지만 그렇게 하자고 하는 사람이 있으면 이상하게 생각한다. 당신은 어느 쪽인가? 당신도 그런 사람들의 대열에 끼고 싶은가?

덜 노력하고 그저 시간 날 때마다 여유롭게 한다는 느낌으로 하기만 해도 된다. 매여 있다는 마음이 없어야 꾸준히 할 수 있다. 그러니 열심히 하겠다는 생각보다 맘껏 게을러지겠다는 생각부터 해야 한다. '쉬지 않고' 보다 좋은 것은 '끈기 있게' 이다. 지금껏 노력한 당신에게 필요한 건 더 많은 노력이 아니다. 불안과 조급증을 다스리려는 마음가짐이다.

2.
공부 그리고 일

강박관념 벗어나기

누구나 강박관념이 있다. 예를 들면 이런 것들이다.

- 약속 잘 지키기
- 거짓말 안 하기
- 책 많이 읽기
- 효도하기
- 공부 열심히 하기
- 무단횡단하지 않기
- 용돈 아껴 쓰기…

세다 보면 끝이 없을 테니까 쓰다가 말았지만, 위에 있는 것만 해도 늘 할 수 있는 것이 아니다. 다음은 내가 학생들에게 자주 해 주는 말이다.

"나는 때로 나 자신을 합리화할 줄 안다. 거짓말을 해야 할 것 같으면 거짓말도 한다. 어쩌다 보니 내가 너희보다 먼저 태어난 어른이어서, 그리고 가르치는 게 직업이어서 너희에게 하지 말라고 하는 것들이 있을 뿐이고, 인격적으로 내가 너희보다 우월해서 그런 말을 하는 것은 아니다."

나쁜 짓을 하라고 조장할 생각은 없다. 다만 나쁜 일을 했다고 해서 지나치게 죄책감을 갖거나, 죄책감을 주려고 애쓰는 것도 이상하다. 특히 자신도 실수하면서 남에게는 너그럽지 못한 건 아닌지 끊임없이 점검해야 한다. 그런 태도는 공정하지도 않고, 아무 득도 보지 못하고 쓸 데 없이 적만 늘리게 된다.

학생들은 대개 '~을 하지 말라'는 말을 많이 듣는다. 그리고 그런 말을 자주 들어서인지 잘못을 하면 죄책감에 심하게 빠지기도 한다. 반성하는 태도는 일이 왜 잘못 되었는가 곰곰이 생각해 보고, 앞으로 어떻게 해야 하는지 고민하는 데서 끝나야 한다. '나는 왜

114

이럴까' 하는 데까지 나가서 자신을 자책하려 하지 않는 편이 좋다. 그렇게 되면 기가 꺾이고, 새로운 일을 시작하기 전에 머뭇거린다. 머뭇거린다는 말은 고민을 많이 한다는 뜻이다. 고민하는 시간이 늘어나면, 그만큼 삶을 낭비한다.

강박관념은 실수하고 싶지 않다는 데서 비롯되는 감정이다. 이런 감정을 느끼지 않는 것은 일을 잘 해내는 것이 아니라, '실수에서 배운다'고 믿는 데서 가능하다고 본다. 내가 좋아하는 책 중 하나가 『미라이 공업 이야기』인데, 이 책의 저자인 야마다 아키오 씨의 경우 직원들에게 '다른 종류의 실수는 100번이라도 상관없다'고 했다 한다. 같은 실수를 반복하지만 않으면 괜찮다는 것이다.

어떤 일을 새로 시작할 때, 그 일이 잘 될지 안 될지는 사실 당사자도 모른다. 다만 계속 시도하다 보면 성공 확률은 올라간다. 대개의 사람들은 그때까지 기다리지 못하니까 결국 그만둔다. 하지만 '한 번에 잘 해내지 못하면 문제가 있다'는 태도야말로 문제 아닐까?

또 하나. 강박관념을 갖는 대개의 경우는 남을 의식하기 때문이다. 남에게 좋은 평가를 받거나 좋은 사람이고 싶어 하는 사람들이 강박관념에 시달린다. 남의 눈에 들 정도로 일을 잘 해내지 못하면 안 된다고 생각하기 때문이다. 내 기준으론 80점이면 충분한데, 남의 눈을 의식해서 95점을 목표로 한다. 이러면 누구나 힘든 것도 당연하다.

하지만 잘해야 하는 일이 자신이 선택한 일에 대한 것이고, 남의 눈치를 안 봐도 되는 일이면 압박감을 덜 받는다. 예를 들어 대개의 학생들은 자신이 공부와 안 맞는다거나, 공부가 싫다고만 생각한다. 하지만 학생들은 공부가 싫은 것이 아니라 시험공부가 싫은 것이다. 억지로 남이 시킨 공부를 해야 하고 평가까지 받아야 하니 싫은 것이다. 공부를 하는 건 문제가 안 되지만 등수가 나오는 시험공부에는 압박을 받는다.

반면 새로운 게임의 캐릭터를 효율적으로 키우기 위해 어떤 테크 트리를 타야 하는지, 상대를 이기기 위한 좋은 전략이 무엇인지 찾아보는 공부라면 얼마든지 할 것이다. 도리어 하고 싶은 마음을 제어해야 하는 게 힘들지 모른다. 스타 크래프트가 인기를 끌었던 건 수많은 전략을 스스로 만들어내는 일이 가능했기 때문인데, 이는 적절한 재미만 주어진다면 인간이 얼마나 생각하길 좋아하는지 보여주는 예라고 할 수 있다.

둘의 차이는 뭘까? 한쪽은 남이 시키는 것, 다른 한쪽은 내가 원하는 것이라는 차이가 있다. 만약 불행히도 내가 당신의 담임교사고, 당신이 하는 게임 캐릭터의 레벨을 하루 5씩 올리라고 강제한다면? 고급 아이템을 얻기 위해 하루 18시간씩 게임을 하라고 요구한다면? 게임 내 존재하는 모든 아이템의 특징과 가격을 시험 문제로 낸다면? 당신은 그 게임이 틀림없이 싫어질 것이다.

사회적 기준을 지키는 건 좋지만, 남에게 큰 피해를 입히는 게 아니라면 가끔 딴짓도 해보는 편이 좋다. 그런 숨통 트이는 일을 해야 자기 일에도 집중할 수 있지 않을까? 물론 자기가 좋아하는 일을 하고 있는 중이라면 이런 말은 아무 의미도 없겠지만 말이다.

계획에 집착하지 않기

내 수첩은 그야말로 날마다 해야 할 일들로 가득 차 있다. 보통 그날그날 수첩을 쓰는 분량을 보면, 일처리에 필요한 시간을 알 수 있다. 예를 들어 하루 반 페이지 분량이면 양호한 편이고, 학기초나 학기말에는 하루 한 페이지 이상이며, 심한 날은 하루 한 페이지 반인 날도 있다. 그리고 이런 정도의 분량이 되면 당연히 하루 동안 처리할 수 없게 된다. 이 정도 분량이면 일주일로도 처리가 어렵다.

수첩에다 날마다 할 일을 적을 때에는 내가 무엇을 해야 하는지, 현재 위치가 어떤지 분명하게 파악할 수 있다는 장점이 있다. 반면 단점도 있다. 해야 할 일이 많으면 그에 짓눌리는 듯한 심리적 압박을 받는다는 점이다. 이러한 압박감을 처리하는 방법은 일의 우선순위를 정하고 하나씩 처리하는 것이지만, 그조차도 쉬운 일은 아니다. 왜냐하면 보다 중요한 일에 집중하는 동안에도, 긴급을 다투는 일들이 계속 들어오기 때문이다. 그러면 우선순위의 일도 미뤄두고 급한 일부터 처리해야 한다.

이건 당신도 마찬가지일 것이다. 아무리 계획된 공부가 있더라도, 마감 기한을 잊고 있다 갑자기 생각난 수행평가가 먼저이지 않겠는가. 이런 일이 몇 번 반복되다 보면, 그야말로 계획은 계획으로 끝날 뿐이라는 사실을 깨닫게 된다.

학생들을 살펴보면 일주일치 학습 계획을 짤 때에는 그야말로 의욕에 가득 차 있다. 다소 무리라는 것을 알면서도 의욕만으로 공부 계획을 짠다. 학생들의 학습계획서를 보면, 그야말로 신기할 지경이다. 마치 나만 하루가 24시간이고, 학생들은 48시간인 것 같은 느낌을 받기 때문이다. 도대체 그 많은 공부를 어떻게 하겠다는 건지 놀라울 따름이다.

하지만 계획은 어디까지나 계획일 뿐이고, 현실성이 없는 계획은 짜는 동안 시간만 낭비된다. 그래도 포기를 못하는 학생들은 야자가 끝나고 가방에 문제집을 주섬주섬 싼다. 그것도 꼭 야자 끝나기 5분 전에 미리 짐 챙겨서 감독 선생님과 싸운다. 이유는 집에 가서 공부하기 위해서다. 왜인지는 모르지만 지금의 기세를 몰아 집에 가서 공부하면 무지 열심히 할 수 있을 것 같은 기분이 든다. 하지만 집에서 공부를 제대로 하는 학생은 당연히 찾아볼 수 없다. 집에 가면 씻고 자기 바쁜데 무슨 공부를 하겠는가. 그래서 나는 애초에 공부는 집에서 하는 게 아니라고 늘 이야기하지만, 학생들은 절대 자신의 계획을 바꾸는 법이 없다. 그리고 무거운 가방을 메고 집에 가서, 의도치 않게 공부 대신 근력 운동을 하고는 지쳐서 자고야만다.

기숙사 학생들은 강제로 야간 자습을 하긴 하겠지만, 그 결과는 다음날 수업 시간의 수면 보충이라는 결과로 끝난다. 나라면 수업에 집중하기 위해 1분이라도 더 잘 수 있는 방법부터 찾아볼 텐데, 다른 사람들의 생각은 나와는 다른 것 같다. 한 세상을 사는데 그들과 나는 왜 서로 다른 세상을 사는 느낌이 드는 걸까.

다시 말하지만 계획을 세우는 게 나쁜 일은 아니다. 앞서도 말했듯이 현재 상황을 점검한다는 측면에선 분명 의미가 있다. 하지만 계획은 원하는 일을 더 잘하기 위해 세우는 것이지, 계획을 달성하지 못하면 어쩌나 불안해하기 위해 세우는 것은 아니잖은가. 그렇다면 애초 계획을 무리하게 잡지 않고, 계획의 80%만 달성해도 훌륭하다고 생각하면 되는 것 아닐까?

나는 계획을 짜다가도 계획된 일이 진행되지 않을 때의 스트레스를 피하고 싶으면, 계획 자체를 아주 간략하게 짜 버린다. 혹은 짜지 않기도 한다. 그래야 편하기 때문이다.

공부든 일이든 결국 기계가 아니라 사람이 하는 것이다. 사람이 강한 심리적 압박을 받고 있어서야 부담감만 느끼고, 일은 엉망으로 하게 될 것이다. 일이 안될수록 자신을 제삼자적 입장에서 관찰하듯 해야 한다. 현재 무엇이 문제인지 생각해보고, 때로는 기분 전환도 해야 한다. 나는 이 책을 쓰는 동안에도 A4 용지로 하루 2페이지 분량 이상은 쓰지 않았다. 이 정도면 결코 많은 편이 아니다. 그나마 일 때문에 밀리는 날도 많다. 정말 많이 쓰는 전업 작가라면 내 몇 배를 쓸 것이다. 하지만 내가 해낼 수 있는 분량이 2페이지라면, 더 이상 욕심내지 않기로 했다. 하루 종일 도서관에 나와 글을 쓰더라도, 2페이지밖에 진도가 안 나가는 날도 있다. 그래도 우울해하거나 조급해하지 않는다. 그래야 잘 써지는 날도 오기 때문이다. 그런 날이 많지는 않지만 실제 그런 날에는 그 두 배 내지 세 배를 쓴다.

인생이 계획대로만 흘러간다면 실패할 사람은 아무도 없을 것이다. 그러나 인생이 어디 그렇던가. 기말고사 국어 시험이 이렇게 쉬울 줄 알았으면 어젯밤 한국사를 공부를 했을 것이고, 실기 시험 5일 전에 다리가 부러질 줄 알았으면 체대 입시를 준비하지 않았을 것이다. 중요한 것은 계획대로 일이 진행되지 않을 때 어떻게 융통성을 발휘하느냐지, 계획에 대한 집착이 아니다.

계획을 무수히 세우기보다, 단순하게 세우고 실행을 하는 편이 낫다. 무수히 많은 좋은 아이디어가 무슨 소용이란 말인가. 하지 않으면 그저 몽상이다. 나도 많은 좋은 계획을 가지고 있지만, 이것들을 하지 않는다고 해서 나 자신이 끝장나진 않는다는 것을 잘 안다. 그리고 그중 하나만이라도 잘 실천하는 편이 낫다는 것도 안다.

일이 계획대로 잘 진행되지 않을 때는, 그저 흘러가는 대로 맡겨두고 자신을 비우는 데만 집중하는 것도 도움이 된다. 그러면 내가 하고 싶은 일, 할 수 있는 일이 머리에 떠오르는 순간이 온다. 그러면 그 일을 최대한 단순하게 실행할 수 있는 방법을 찾게 된다. 계획이란 복잡하고 거창한 것을 해내기 위해서가 아니라, 구체적이고 단순한 것을 실행하기 위해 세우는 것임을 기억하자.

문제를 종이에 적기

자유롭게 살기 위해 중요한 것이 하나 있다. 복잡한 문제를 단순화하는 것이다. 고민하느라 시간을 낭비한다면 내 삶이 그 문제에 잡혀버린다. 그러한 문제를 해결하고 스스로를 평온한 상태로 되돌리기 위해서는 문제를 종이에 적어 보면 도움이 된다.

내가 여자 친구와 싸우면 종종 들었던 말 중 하나.

"그래, 혼자 생각이나 실컷 해라."

여자 친구가 저 말을 던지고 매몰차게 떠나면 머리가 멍해지곤 했다. '생각하는 게 잘못된 일인가?

아마 여자 친구의 말은 '고민'을 의미하는 게 아니었나 싶다. 생각과 고민은 다르다. 생각은 앞으로 나아가기 위해 하지만, 고민은 지금의 자리에 머물러 있기 위해 한다. 그래서 고민이 많으면 한 발짝도 앞으로 나아갈 수 없다. 고민은 실행으로 이어지지 않아서 쓸모가 없다.

하여튼 고민의 시간을 즐기는 사람이란 없을 것이다. 고민의 시간을 줄이려면 어떻게 하면 될까? 간단하다. 문제를 종이에 적으면 된다. 적는 사항은 다음과 같다.

1. 문제가 무엇인가?
2. 이 문제를 해결하려면 어떻게 해야 하는가?

2번에 관해서는 3가지의 방법을 궁리해서 적는다. 이때 3가지인 이유는 이유를 2가지만 적으면 너무 적어서 스스로 설득이 되지 않고, 4가지나 생각해 내는 건 너무 어렵기도 하거니와 비효율적이기 때문이다. 보통 하나나 두 가지 정도는 이유를 찾을 수 있다. 그리고 마지막 한 가지는 어지간한 노력이면 찾을 수 있다. 이렇게 3가지 이유만 마련되면 주저 없이 시작하려 노력한다.

사실 이러한 방법은 와다 히데키가 쓴 『삼자택일의 기술』에서 배웠다(자기 시간이 너무 낭비되어 고민된다면 꼭 읽어보기 바란다). '3가지 근거를 마련한다' 라는 기준을 마련해 놓고 그 안에서 해결을 본다. 더 나은 방법이 있더라도 찾는데 시간을 쓰지 말고, 3가지 근거 기준만 마련되면 바로 실행한다.

둘 중 하나를 고르는 상황에서도 마찬가지다. 그런 경우에 적는 내용은 다음과 같다.

1. A와 B중에서 어느 것이 더 나은가?
2. A가 나은 근거 3가지는 무엇인가?
3. B가 나은 근거 3가지는 무엇인가?

이렇게 적어놓고 A와 B 중 하나를 선택한다. 고민하는 시간이 길어지는 것보다 어느 하나를 택하는 편이 낫다. 사실 어느 쪽을 택해도 상관없다. 어차피 스스로 분발하기 위해 종이에 적는 것이기 때문이다. 틀려서 손해를 본다면? 빠르게 결단하고 실행하는 동안 스트레스를 덜지 않았나. 그러니까 손익 계산에선 플러스마이너스 제로라 생각하면 될 일이다.

이 책을 쓰기 전에 나는 노트북이라는 것을 가져본 적이 없었다. 이동을 생각하면 최대한 가벼워야 했고, 그래서 눈에 들어온 노트북의 가격이 125만원 정도였다. 요즘은 노트북도 많이 저렴해졌기 때문에, 125만원이면 결코 싸다고는 볼 수 없다. 다소 무겁더라도 더 저렴한 노트북을 사는 방법도 있었다.

그러나 고가의 노트북을 살 때의 좋은 점을 써 보았다. 첫째, 가격은 비싸지만 성능을 충분히 활용할 자신이 있다. 둘째, 어깨에 무리가 덜 갔으면 좋겠다. 셋째, 저렴한 것을 사면 고성능 작업이 필요할 때 후회할 것이다.

이렇게 결정하고 나서 노트북을 샀고 날마다 글을 쓰는 일을 하게 되었다. 기분 좋게 글을 쓰는 이유 중의 하나는 새로 산 노트북이 마음에 들기 때문이다. 그리고 글이 안 써지면 종종 게임도 한다. 일부러 더 많이 한다.

학생들은 어떨까? 시험기간에 공부하는 모습을 생각해 보자. 시험이 다가올수록 학생들은 우왕좌왕이다. '국어를 할까? 아니지, 영어가 더 어려운데? 그런데 국어가 시험 날짜가 더 빠르잖아, 아, 국어는 왜 이렇게 범위가 넓은 거야, 국어 선생님 정말 짜증 나네, 작년 선생님은 좋았는데' 등등. 이런 식으로 생각은 쓸 데 없는 망상이 되어 끝도 없이 연결된다. 이 책을 보자니 저 책을 보지 않아 불안하고, 저 책을 펼치니까 이번엔 노트 정리를 다시 해야 할 것 같다. 필기가 부족해서 친구 것도 빌리러 가야 한다. 왜 이런 문제가 발생할까. 기준이 없어 잡념에 휘둘리며 공부하기 때문이다.

자유롭기 위해서는 자기 기준이 필요하다. 내 경험에 비추어보면, 자신의 마음을 제대로 못 보거나 다른 사람의 의견에 이리저리 휘둘리면 반드시 스스로가 위험해진다. 왜냐고? 세상은 나를 움직임으로써 자신의 힘을 확인받고 싶어 하는데, 책임은 언제나 세상이 아니라 내가 지기 때문이다. 게다가 시작부터 뭔가 찝찝하고 불편하니 힘껏 노력하지도 않게 된다. 그러면 일이 제대로 진행되지도 않는다. 사람은 누가 뭐래도 자기가 원하는 방식으로 공부하고 일해야 행복하고, 성과도 좋은 법이다.

내 기준을 한 번 정했으면 스스로를 믿어야 한다. 내가 이 순간 이걸 택한 이유가 있음을 스스로 가장 잘 안다고 믿어야만 한다. 그 가장 좋은 방법이 다소 귀찮더라도 자기 고민을 종이에 적음으로써 초점을 명확히 하는 것이라 생각하면 된다.

한 번에 하나씩 하기

학생들이 야간 자율학습을 할 때의 모습은 그야말로 어수선함 그 자체다. 시험 기간엔 더욱 그렇다. 이 책을 보다 보면 저 책도 봐야 할 것 같고, 선생님은 나눠줬지만 나는 잃어버린 요약 자료도 생각이 난다. 빨리 교무실 가서 복사하지 않으면 무슨 일이 생길 것 같다. 자습 시간에 수학책을 폈는데, 영어 과제가 생각이 나서 사물함에 간다.

이런 모습이 나타나는 이유는 무엇일까? 마음이 혼란스럽기 때문이다. 그럼 왜 마음이 혼란하냐고? 무엇부터 해야 할지 모르기 때문이다. 이럴 때 필요한 방식이 '한 번에 하나씩 하기'이다. 아무리 능력 좋은 사람이라도 여러 일을 동시에 하면 힘든 건 당연하다.

한 번에 하나씩 해낸다는 건, 지금 눈앞에 있는 일에 집중한다는 뜻이다. 욕심이 많고 생각이 흐릿한 사람은 자기가 벌린 일에 자기부터 정신이 없다. 학생들의 경우를 보면 성적 떨어질까 무서워 공부도 해야 하고, 동아리 활동도 해야 하고, 주말에 상설 동아리 활동도 해야 하며, 소논문도 쓰고, 토론 준비도 한다. 나는 그게 스스로를 학대하는 짓이라고 이야기하지만, 학생들은 불안한지 멈출 생각을 안 한다. 그러면서 자신이 도대체 뭘 하는 걸까 생각하고, 힘들어하고, 마침내 좌절한다. 나는 그런 학생을 여럿 보았다.

고백하건대 나도 이런 모습을 보인 적이 있다. 임용 시험을 준비하던 때를 예로 들면, 문학을 공부하다가도 어제 보다 만 문법 내용이 떠올랐다. 서점에서 봤던 새로운 교재를 사서 보면 왠지 공부가 더 잘 될 것 같아 사러 가고 싶고, 하루 종일 앉아있느라 허리가 아픈데 운동은 안 해도 될까 생각하는 등, 공부를 하는 건지 잡념을 다스리는 건지 알 수 없을 정도였다. 하루 16시간 이상 공부한다고 하면, 그중 잡념을 다스리는데 쓰는 시간이 5시간은 되지 않았을까. 하루 공부하는 시간이 10시간을 넘어가야, 그때부터 몸이 적응을 하고 몰입도 되었던 것 같다.

나는 내가 못하는 건 학생에게도 요구해선 안 된다고 생각한다. 그래서 학생들이 종 치면 화장실을 가겠다고 한다던가, 사물함에서 책을 꺼내온다고 해도 크게 뭐라 하진 않는 편이다. 하지만 나 역시 일을 시작하면 집중하려 노력하는 편이기 때문에 학생들도 그래 주었으면 하는 마음은 있다.

교사들은 어떨까? 교사야말로 어수선함에 도가 터야 한다. 행정 업무에 밀려 일을 처리하다가도, 중간에 수업도 들어가야 한다. 교장 선생님은 그 와중에 왜 일이 제 때 안 되느냐고 하고, 교육청은 공문 처리를 빨리 해달라고 학교로 전화를 한다. 거기에 더해 민원 전화까지 받는다. 게다가 희한하게도 꼭 이럴 때의 민원 전화는 좋게 끝나는 법이 없다. 하지만 그렇더라도 내가 일을 처리하는 방식은 항상 첫째, 긴급한 것, 둘째, 중요한 것의 순서다. 남이 뭐라고 하든, 중간에 무슨 일이 생기든 늘 그러려고 노력한다. 남의 요구에 휘둘려서, 그 사람이 원하는 일을 해주게 되어서 일이 늦어지면, 그 책임은 온전히 내가 져야 한다는 것을 경험했기 때문이다.

'한 번에 하나씩'의 원칙이 좋은 이유는, 그것이 삶을 정돈해 주기 때문이다. 삶은 속도는 둘째고 우선 방향부터 잘 잡아야 한다. 내가 반복해서 '사람은 자유로워야 한다', '다양한 일을 주저 없이 해봐야 한다'고 말하는 이유는, 그래야 자기 삶의 방향 감각이 생기기 때문이다. 그러나 그것이 한꺼번에 여러 가지를 하라는 말은 아니다. 하나를 하다가 필요한 만큼 배웠다고 생각되면, 다음 것으로 넘어가야 한다는 뜻이다. 그리고 그중에 나에게 맞는 것을 찾아 내고 해야 한다. 그리고 그 일을 한다. 물론 삶에서 의미가 있는 동안에만 해당한다. 만약 당신이 더 이상 의미가 없다고 판단되면 알아서 다른 일을 찾고 있게 될 것이다.

나는 올해부터 주말에는 절대 학교 일을 하지 않는다. 이 원칙은 학교 일이 밀리든 어떻든, 늘 지키고 있다. 근무 시간 중에 내가 열심히 일해도 일이 끝나지 않는다면, 그건 내 잘못이 아니라 사람을 적게 뽑아 쓰는 국가의 잘못이라고 생각한다. 공무원은 늦게까지 남아 일을 해야 하는 존재가 아니라, 솔선해서 정시퇴근을 해야 하는 존재다. 공무원이 먼저 시도하지 않으면, 민간 기업도 시도하지 않게 된다. 그리고 그 결과는 우리 모두 야근하는 삶으로 끝나버릴 것이다.

주말에 하는 일은 보통 카페나 도서관에서 글쓰기, 운동하기, 책

보기, 쇼핑하기 등이다. 좋아하는 일을 한다는 건 언제나 재미있는 일이다. 예를 들어 내 경우엔 잘 되든 안 되든 글을 쓰는 것은 재미있다. 글을 쓰고 공부하는 이 시간만은 양보하고 싶지 않다. 올해는 학교에서 주말 수업을 하라는 요구도 거절했다. 지금 하고 있는 일과 동시에 해야 할 일을 만들고 싶지 않아서다. 한 번에 하나씩 하겠다는 생각이 없었다면, 애매하게 행동하다가 거절도 못하고 내키지 않는 태도로 토요일마다 수업을 하고 있었을 것이다.

삶을 산다는 건 경험을 쌓아간다는 뜻이다. 과거의 경험이 다음 번 당신의 선택에 도움이 되게 하는 편이 좋다. 그러려면 깊이 있고 의미 있는 경험을 해야 한다. 한 번에 한 가지 일에만 집중한다면 그럴 수 있다. 그 경험이 나에게 언젠가 반드시 기회를 만들어준다는 사실을 반드시 기억하자. 물론 그 전에 당신이 선택한 것이 온전히 당신의 선택이어야 함은 물론이다.

시험 삼아 해보기

자유롭다는 건 힘이 있다는 뜻이다. 자신의 힘을 느낄 때 사람은 행복해진다. 문제는 자신이 언제 행복한지, 도무지 모른다는 데 있다. 학생들과 진로 이야기를 나누다 보면, 우리나라 직업은 다섯 가지 정도임을 알 수 있다. 교사, 유치원 교사, 초등학교 교사, 간호사, 사회복지사.

이런 일이 벌어지는 이유가 전적으로 학생 책임이라고 할 수는 없다. 애초에 학생들이 무언가 체험할 기회가 없는 게 문제다. 내 생각에 학생들이 야자를 할 시간에 정말로 해야 할 일은, 계속 말하지만 자기가 하고 싶은 일을 해보는 것이다.

그리고 그런 새로운 시도를 할 때마다 기억해야 할 것이 있다. 실패는 항상 개선의 여지가 있다는 것. 새로운 시도가 두렵다고? 그렇다면 시험 삼아 해본다고 생각해 보라. 잘 되면 좋지만, 안 되어도 상관없다는 태도로. 실제 삶 자체가 그러하다. 삶에서 무엇을 시도하든, 대개는 잃을 것이 없거나, 잃어도 대단치 않은 것들뿐이다. 학생들이 사업을 하는 것도 아니고, 한 번에 수십억을 벌거나 잃을 것도 아닌데, 걱정할 필요가 있을까? 나는 학생들이야말로 잃을 것이 없어서 가장 열심히 시도할 수 있다고 본다.

스티브 잡스가 생전에 스탠포드 대학에서 했던 연설을 찾아보라 (인터넷으로 쉽게 찾을 수 있다). 그는 자신이 가진 걸 모두 잃었을 때에야 새로운 시도를 할 수 있었다고 했다.

사람들은 대개 자신이 어떤 사람인지 잘 모른다. 무엇을 해야 행복한지 모르기 때문에 행복할 줄도 모른다. 대개의 인문계 학생들은 늦게까지 야자를 하느라 주말에 다른 일을 못한다. 주말에 하는 일이라곤 학원에 가거나 밀린 잠을 보충하는 정도다.

그러니 일주일에 5일 내내 공부하고, 주말에는 지쳐서 아무것도 못하는 학생들에게 새로운 시도를 요구하고, 자기 적성을 찾으라느니, 자기가 무얼 잘하는지 알아야 한다느니 이야기해 봐야 아무 의미 없는 이야기일지도 모른다. 하지만 그럼에도 불구하고 내가 이런 이야기를 하는 건, 학생들이 정말로 자신이 어떤 사람인지를 아는 것이 의미도 모르는 공부를 하는 것보다 훨씬 중요하기 때문이다.

그런 점에서 최근 경기도에서 추진하는 '야자 폐지'는 참으로 바람직한 일이라고 생각한다. 시간이 남아야 그 시간에 뭔가를 해볼 수 있으니까 말이다. 하지만 이런 새로운 시도를 하려고 하면, 사람들은 항상 부정적인 생각부터 한다. 이 경우엔 '애들 망칠 일이다', '부잣집 애들은 학원 가면 되지만, 가난한 집 아이들은 방치될 것이다' 같은 이야기일 것이다. 하지만 그런 이야기를 하는 사람들에게 '정말로 학생들이 그렇게 될 거라고 100% 확신할 수 있습니까?'라고 물어보면 어떻게 될까? 반드시 그럴 거라고 대답하진 못할 것이다. 해보지도 않고 하는 탁상공론의 결론은 언제나 이렇게 비관적이다. 그리고 그런 것들은 대개 아무 짝에도 쓸모가 없다.

하지만 학창 시절엔 일단 공부하고 봐야 하는 것 아니냐고? 그럼 이런 건 어떨까. 우리나라에서 주 5일 근무를 시작한 것은 얼마 안 된다. 정확한 정보를 찾아보니 단계적으로 시행한 것이 2004년부터다. 기껏해야 10년 조금 넘은 일이라는 말이다. 그때에도 반대는 있었을 것이다. 하지만 지금은 상식이 되지 않았는가. 하지만 주 6일제 근무로 돌아가면 우리나라가 경제 대국이 될까? 정말 우리 사회가 주 6일제를 안 해서 문제일까? 천만의 말씀이다. 진짜 문제는 법과 따로 노는 현실, 우리 부모님들이 제대로 쉬지도 못하는 현실에 있다. 결코 일하는 양이 적어서 문제인 것이 아니다. 덧붙여 말해두자면, 겁이 많은 사람들은 새로운 일을 시도하려 할 때마다 늘 '시기상조'라는 말부터 하고 싶어 한다. 하지만 신중함보다 좋은 것은 구체적 행동이다.

공부는 수업 시간에 끝내야 한다. 일과 후에 하는 일은 야자가 아니라 자기가 하고 싶은 일을 찾아내어 연습하고 배우는 시간이어야 한다. 미래는 계획한다고 해서 뜻대로 되는 것이 아니다. 삶을 계획하여 산다는 사람치고 계획대로 된 사람을 본 적이 없다. 인생이란 뜻한 바대로 늘 되는 것이 아니다. 내가 나중에 무엇을 할지 어떻게 안단 말인가. 내가 무엇으로 먹고 살지 모르기 때문에 내가 가진 재능이 어디까지 뻗어있는지 계속해서 시험해야만 한다.

내가 여지껏 살아오면서 배운 것 하나. 배워둔 것은 언제든 쓸모가 있다. 그게 언제가 됐든, 반드시 쓸모가 있다. 국어 교사라도 한국사를 배워두면 자격증 지도나 공무원 시험 준비 지도를 할 수 있다. 요리를 배우면 동아리 시간에 요리를 가르칠 수 있다. 실제로 나는 지금 하고 있는 일이 끝나면 다음에는 마카롱 만들기부터 마스터할 생각이다. 심지어 나와는 전혀 상관없는 광고업에 관해 약간 공부해 두었기 때문에, 광고에서 쓰이는 은유와 상징을 문학에서의 개념과 연결 지어 수업할 수도 있었다.

그럼 컴퓨터는 어떨까? 내가 컴퓨터를 쓰는 모습을 보면, 어떤 사람들은 내가 군대 행정병 출신인 줄 안다. 그래서 좋은 게 뭐냐고? 수업 자료를 효율적이고 빠르게 만들고 편집할 수 있다. 행정 업무량이 많은 교사에게 이건 대단한 강점이다.

새로운 것을 자꾸 시도하라. 그게 무엇이든 상관없다. 자꾸 시도하고, 배우고, 익히고, 거기서 즐거움과 행복을 느껴야 한다. 자꾸 도전할 수 있다는 건 의심이나 두려움으로부터 자유롭다는 뜻이다. 바로 그런 사람이 되려고 노력해야 한다.

참고로 한 가지만 더 말하자면, 대개 머리를 쓰는 일보다 손을 쓰는 일이 훨씬 재미있으니, 그런 일을 하나쯤 익혀두면 좋다.

믿는 대로 실행하기

다른 사람과의 소통을 요구하는 사회 속에 살다 보면, 확실히 소통을 잘하는 사람이 유리한 점이 있다. 아무래도 자기 생각을 잘 표현하고, 상대를 이해시킴으로써 자신이 원하는 것을 얻을 가능성이 높아지는 것이다.

하지만 소통할 시간에 내 할 일에 신경 쓰겠다는 사람도 세상에는 분명 있다. 가령 나 같은 사람이 그러하다. 나는 교사이기 때문에, 관료적인 분위기 속에서 근무한다. 나는 내가 공무원이 되기 전엔 사람들이 왜 그렇게 '공무원=무능'으로 단정하는지 이해하지 못했다. 솔직히 그런 평가에 반발하기도 했지만, 요즘은 '그런 평가를 받아들일 부분도 있지 않을까' 생각한다.

다만 그런 평가를 받는 이유가 중요하다. 나는 그 이유를 개인에게만 돌릴 수는 없다고 생각한다. 조직에 속해 있는 사람은 자기 뜻대로 해볼 기회조차 얻지 못하는 경우도 많다. 공무원 조직은 매우 보수적이어서, 도전적이거나 새로운 아이디어를 내는 등의 노력을 하는 사람을 가만두지 못한다. 그런 사람은 기어코 끌어내려서 평균에 맞춰야 직성이 풀린다. 이는 평균을 좋아하는 동양적 사고 방식, 즉 '튀지 말아야 한다'는 생각에서 한 치도 벗어나지 못한 것이다.

어쨌든 나는 내가 옳다고 생각하는 것들을 실행하기 시작했다. 가령 우리 반 학생들이 지각한 사람에게 벌금을 걷어 학급비로 쓰자고 했을 때, 나는 단호히 반대했다. 이유는 간단하다. 이미 교문에서 걸린 학생들은 교내 청소 등 따로 처벌받는데, 이중 처벌을 받게 할 수 없었기 때문이다. 지각비를 걷는 학급은 지금도 전국에 수천 수만 개니까, 걷는 편이 정상으로 보일 수도 있지만 내 기준으론 이중 처벌이다.

하지만 더 큰 이유가 있다. 사람은 자기 스스로 잘못을 인정하기 전까지는 남의 지적에 반발한다. 학급 전체의 집단 압력이 가해지면 말은 못하더라도 지각한 학생도 기분은 나쁠 것이다. 그런 식으로 걷은 돈을 학급 전체의 화합을 위해 쓴다? 나는 그게 가능한지 잘 모르겠다.

나는 학급비를 다른 방식으로 걷는다. 외출증이 필요하다고 찾아오는 학생에게 걷는 것이다. 자신이 원해서 오는 것이고, 벌칙도 아니기 때문에 협조가 잘 된다. 아파서 병원에 다녀오거나 가족 모임이 있는 경우 정도만 예외다. 급식 메뉴가 마음에 안 들어서 나가서 먹고 온다 해도 학급비만 내면 두 말 없이 외출증을 써 준다. 나도 매일 같이 급식을 먹는 것이 아니니까 '고작 그런 이유로 외출증을 끊어달란 말이야?'라고 말하면 안 된다고 본다. 효과는 좋은 편이다. 자유로이 나갈 수 있기 때문에 도리어 불필요한 이유로 잘 나가지도 않고, 무단 외출도 거의 없다. 남을 얼마든지 속일 수 있는 상황에서는, 애써 속이지도 않는 것이 인간 심리다.

또한 아침마다 우리 반만 국어 수업을 따로 한다. 이 수업은 학급 전체의 동의를 얻어 하는 수업인데(우리 반 학생들이 내 수업을 좋아해 주는 것은 나로서는 고마운 일이다), 이 수업에는 명분이 있다. 우리 반은 공인된 꼴찌반이기에 다행스럽게도(?) 보충 수업이 필요하다.

다만 내가 특별 수업을 하는 것은 다른 사람들에겐 일체 비밀이어야 하고, 외부에 새어나가지 못하게 했다. 소문이 돌아 온갖 규정과 절차, 공정성과 적절성을 따지다 보면 보충 수업은 내가 환갑잔치 치를 때쯤에나 가능하다는 사실을 그간의 경험으로 알기 때문이다. 단언컨대 아침마다 하는 이 수업이, 내가 오후에 학교에서 '시켜서' 하고, 그 대가로 '돈을 받는' 보충 수업보다 훨씬 재미있다.

참으로 희한하게도, 학생들은 학교가 원하는 것은 모조리 싫어하면서도, 내가 원하는 것은 참으로 좋아해 주었다. 내가 학교의 방침과 계속 충돌하면서 '과연 나는 이상한 교사인가?' 라는 질문을 하게 될 때마다 안심하게 되는 건, 내 생각에 동의하는 학생들이 있기 때문이기도 하다.

세상의 규칙이 나의 삶의 방식과 일치하지 않을 수 있다. 남들이 뭐라 하든 신경 쓰지 말고 굳게 밀고 나가는 용기도 필요하다. 학교의 다른 선생님들 눈엔 나는 어긋나고, 모자라고, 어딘가 불량인지도 모른다. 실제 교장실에 불려 간 적도 몇 번 있다. 그러나 그것은 어디까지나 남의 생각이다. 남의 기대를 무시하고, 눈치도 보지 않게 되면서 나는 훨씬 행복해졌다. 똑똑하다, 믿을 수 있다, 일 잘한다 같은 평가는 굳이 욕심내지 않는다.

남에게 좋은 평가를 받겠다는 욕심을 내려놓고 자신이 원하는 일을 해보면 어떨까. 남의 평가에 당신의 가치가 달린 것이 아니라는 걸 알아야 한다. 그러면 지금보다 훨씬 행복해질 수 있다.

인문계 고등학교 교사들은 공무원 치고는 급여를 꽤 받는 편이라고 생각한다. 시간당 받는 돈이 많아서는 아니다. 그보다는 일하는 시간 자체가 길기 때문이다. 쉽게 말해 시간과 돈을 바꾸는 직업인 것이다. 집에 가서 하는 일은 잠자는 것과 씻는 것 말고는 없다. 시골의 학교들은 교사에게 관사를 제공하는 경우가 있는데, 나는 학교 관사 시설에 크게 개의치 않는다. 어차피 잠만 자는 곳인데 시설이 좋든 나쁘든 상관이 없기 때문이다.

많은 인문계 고등학교들은 보충수업도 하고, 야간 심화수업도 하며, 주말에는 토요 프로그램도 한다. 물론 야자 감독도 한다. 만약 이것들을 내가 다 한다면 내 수입은 당연히 늘 것이다. 하지만 그 돈이 정말 나를 위한 돈일까? 나는 그렇게 생각하지 않는다. 이 돈은 훗날 내가 골병들어 병원을 찾았을 때 의사에게 건네질 돈이고, 나는 잠시 맡아둔 돈일 뿐이다. 결국 잠시 맡아둘 돈을 벌기 위해 내 시간을 희생하는 셈이다.

올해는 담임을 맡고 있긴 하지만, 담임이란 대개의 학교에서 기피 업무다. 일이 두 배로 늘어나기 때문이다. 담임을 맡으면 행정업무에서 제외해주는 학교도 있겠지만, 그렇지 않은 학교도 많다. 담임을 맡고 나서 가장 힘든 것은 공부할 시간을 좀처럼 얻기 어렵다는 점이다. 당장 올해 읽은 책의 숫자만 해도 손에 꼽을 정도로 줄었다. 이런 상황에서 정규 수업 외의 추가 수업을 맡는다는 건 힘든 일이며, 학생에게도 도움이 안 된다. 수업이 늘어나면 수업을 준비하는 시간도 당연히 늘어야 한다.

문제는 그런 시간을 확보하는 게 어렵다는 데 있다. 만약 내가 대강 수업을 준비해서 교실에 들어가고, 그렇게 돈을 더 번다고 치자. 그 돈이 과연 떳떳한 돈이겠는가? 나는 그렇게 돈을 벌 생각은 없다. 무엇보다 사람에겐 쉬는 시간이 반드시 필요하다. 쉬는 시간은 낭비되는 비효율적인 시간이 아니라, 무언가를 더 잘하기 위해 꼭 필요한 충전의 시간이다. 도끼날을 갈지 않고 계속 나무를 찍어대면, 나무를 쓰러뜨리기 전에 사람부터 쓰러진다.

김난도 교수의 『아프니까 청춘이다』에는 돈에 중독되면 정상적인 삶으로 돌아올 수 없음을 경계해야 한다는 부분이 있다. 그 책에는 필자가 대학 시절 과외를 하면서 돈을 많이 벌었고, 그래서 삶의 의미를 찾기보단 돈에 휘둘리는 자신을 발견하곤 반성했다는 내용이 나온다. 나 역시 학교에 오기 전에 과외를 하면서 같은 경험이 있어 공감이 가는 내용이었다. 나는 지겹게 문제풀이만 하는 그 생활이 맞지 않았다. 벌이는 당연히 그때가 더 나았지만, 그래도 그 일을 다시 하고 싶지는 않다. 내 적성이 영 아닌 모양이다.

돈을 버는 것 자체가 목적이 되면, 돈만 벌면 된다는 생각을 하게 된다. 그래서야 무슨 삶이라고 할 수 있을까? 돈 벌기 힘든 시대니까 돈이면 다 된다고 착각해선 안 된다. 돈 벌기 힘든 사회는 그 자체로 문제인 것이고, 그런 사회 분위기에 휩쓸려 돈만 벌면 된다고 생각하는 것 역시 문제다. 가장 바람직한 것은 자신이 좋아하는 일을 배우고 반복함으로써 그 일을 통해 대가를 받는 수준에 이르는 경우일 것이다.

내가 좋아하는 일을 해야 하는 이유는 그래야 그 일을 잘할 가능성이 커지기 때문이다. 아울러 그러한 생활 방식으로 살게 되면 삶 자체도 여유로워진다. 나는 먹고 살 정도 수입만 생긴다면 하루에 10만원을 포기하더라도 10시간을 확보하는 편이 낫다고 생각한다. 그 시간 동안 철저히 나를 행복하게 해주는 행동을 해야 한다. 당신은 행복하기 위해 태어난 것이지 돈을 벌기 위해 태어난 것이 아니다. 돈을 벌어야 행복한 것 아니냐고? 어느 정도는 맞는 말이다. 하지만 행복하기 위해 할 수 있는 일이 돈을 버는 것뿐이라면 그건 그것대로 서글픈 일이기도 하다.

　좋아하는 일을 찾아 공부하는 것이 돈에 관심을 갖는 것보다 먼저다. 왜냐하면 그래야 그 공부가 자연스레 일로 연결되기 때문이다. 간디는 "나에게는 소유가 범죄처럼 생각된다"고 했고 법정 스님은 생전에 간디의 그 말에 부끄러움을 느끼셨다지만, 우리 모두 그렇게 살 수는 없는 법이다. 다만 자기가 선택한 일에 몰입하는 일보다 돈을 먼저 추구하면 당신이 망가질 것이며, 돈도 제대로 따라오지 않을 거라는 건 분명히 말해줄 수 있다.

　돈을 버는 일과 낚시에는 공통점이 있다. 내가 일방적으로 쫓아가면 상대는 달아난다는 점이다. 느긋한 사람하고 여유로운 사람은 누구나 좋아하는 법이다. 바쁘고 신경질적인 사람에게 호감이 가는가? 그런 사람 옆에 있는 사람이 안정된 기분을 느끼기는 힘들 것이다. 그리고 무슨 까닭인지 그런 느긋한 사람이 큰 낚시꾼으로 성장한다.

　계속 낚싯대에 물고기가 잡혔는지 5분마다 확인하는 사람에게 걸려들 물고기도 있을까? 느긋하게 찌를 바라보며 기다려라. 낚싯줄을 감아 당기는 순간이 온다. 그러려면 그전에 물고기의 습성을 알아야 하고 미끼의 종류도 공부해야 한다. 그 편이 아무 준비 없이

142

낚시를 하는 것보다야 훨씬 낫지 않겠는가?

당신이 투자 기법에 대해 열심히 공부한다고 치자. 그리고 실제 당신이 투자의 고수가 되었다고 치자. 그런들 그게 무슨 의미가 있겠는가? 당신에게 자본이 없고 자본을 벌 수 있을 만한 자기 분야의 능력이 없다면, 그건 아무 쓸모도 없다. 돈에 대해 관심을 갖는 것보다 재미있고, 그래서 잘할 수 있을 만한 것에 집중하는 것이 더 나은 까닭은 그 때문이다. 재테크보다 자기 분야의 일을 잘하기 위해 노력해야 하는 것이다.

당신이 해야 마땅한 공부가 학과공부로 끝날 거라는 착각은 하지 않는 편이 좋다. 당신은 해야 할 일도, 할 수 있는 일도 많은 사람이다. 그러니 학과공부에 너무 스트레스받지 않아도 좋다. 그보다는 자기가 좋아하는 것을 공부해야 한다. 미래에 얼마를 벌겠다는 근거 없는 망상보다 좋은 건, 지금 당장 내가 좋아하는 분야를 찾아 공부하는 실행 의지를 보이는 일이다.

'잘해야 한다'를 '자주 한다'로 바꾸기

나는 위인전을 싫어하는데 그 이유는 대체로 과장으로 얼룩져 있기 때문이다. 그 결과 많은 사람의 의욕을 꺾어버리며, 비현실적 환상을 품게 만든다. 엄청난 위업이란 특정 분야의 재능을 타고난 사람에겐 가능할 수 있지만, 바로 그렇기 때문에 대개의 사람들에 겐 의미가 없다. 더군다나 '잘해야 한다' 는 생각은 끊임없는 강박 관념과 열등감, 나아가 자기부정을 만들기 때문에 더욱 문제가 된 다. 이러한 문제를 해결하기 위한 방법으론 무엇이 있을까? 잘해야 한다는 욕심을 내려놓고 그저 '자주 한다' 로 바꾸는 것이다.

『노인과 바다』, 『무기여 잘 있거라』 등을 쓴 어네스트 헤밍웨이 (Ernest Miller Hemingway)는 벽에 판지를 붙여 놓고 매일 그 자신 의 작업량을 기록했다고 한다. 그리고 그러했던 이유는 '나를 속이 지 않기 위해서' 였다고 한다. 그가 기록한 숫자는 날마다 500 단어 전후였는데, 어떤 날은 천 단어를 넘는 날도 있다. 이런 날은 그가 다음날 멕시코 만에서 낚시를 할 때 죄책감을 느끼지 않기 위해 더 많이 작업한 날이었다.

우리가 여기서 배워야 할 것은 무엇일까? 먼저 작가인 그가 '더 잘 쓰기 위해서' 가 아니라, '나를 속이지 않기 위해서' 라고 말한 부분에 관심을 가져야 한다. '잘 쓰기 위해서' 를 목표로 삼게 되면 어떤 문제가 생길지 상상해 보라. 아마 '잘 쓰지 못하는' 자신에 대 해 스트레스를 받으면서 글쓰기가 중단될 것이다. 반면 '꾸준히 쓰는 것'을 목표로 삼으면, 설령 마음에 안 드는 글이 나온다 해도 스스로를 속인 것은 아니게 된다. 무조건 써나가는 일을 반복함으로써 그 자신의 기능을 향상한 것이다. 그리고 일단 글을 쓰고 나면 고치는 건 그래도 쉽다. 처음부터 막막한 상태로 잘 쓰려고 하는 것보다, 일단 쓰고 나서 고치는 편이 더 낫다. 헤밍웨이는 『무기여 잘 있거라』의 결말 부분을 무려 39번을 고쳤다고 하는데, 이는 그가 작품에 대한 애정이 각별했기 때문이기도 하겠지만 그 전에 꾸준히 쓴 결과물이 있었기에 가능했던 것이다. 애초 결과물이 없으면 수정할 것도 없을 테니 말이다. 일을 잘하려 애쓰기보다 자주 하는 게 낫다는 건 이런 뜻이다.

괴테의 『파우스트』에 나오는 말대로, '인간은 노력하는 한 방황하는 법'이다. 무언가를 하다 보면 잠깐 쉬기도 하고, 딴짓도 한다. 그럼에도 불구하고 사람은 다시 노력하곤 한다. 사람은 의미를 추구하는 존재다. 따라서 계속 무언가를 시도하게 된다. 당신이 일단 시작했다면, 아무리 불안하다 해도 온갖 합리적인 계산을 하지 말고 그냥 날마다 시도하면 된다. 계산은 일을 시작하기 전에 하는 것이지, 하는 도중에 하는 것이 아니다.

설령 작심삼일이 되어도 좋다. 그렇다 해도 그냥 반복하면 된다. 당신이 일단 시작한 일이라면 당신이 그 일을 하는데 어떤 매력을 느꼈음이 틀림없기 때문이다. 그러니 그저 반복하면 된다. 당신이 지금 하는 일을 택한 이유가 분명 있다. 그러니 직관을 믿어라. 당신이 해야 할 일은 자신이 지금 하고 있는 일을, 머리에서 생각을 비우고, 어깨에서 힘을 뺀 다음, 그저 하는 것이다. 당신에게 영웅적 능력은 불필요하다.

왜 이런 방식이어야 할까? 사람들은 자신이 하는 일에 너무 많은 의미를 두기 때문에 힘들어진다. 그 결과 집착이 생기고 고민이 생긴다. '이 일이 잘 됐으면' 이라는 생각은 쉽게 부정적으로 변해 '이 일이 잘못되면 어쩌지' 로 나아간다. 이런 경우 자신의 신경을 스스로 갉아먹는 꼴이 된다. 당신이 지금까지 잘하기 위해 노력한 것들을 떠올려 보라. 대개의 사람들이 잘하고 싶은 것들의 목록이야 뻔한 수준이다. 공부를 잘하고 싶다든지, 돈을 잘 벌고 싶다든지 보통 이 두 가지는 반드시 들어가며, 그 외에 추가되는 것이라고 해봐야 몇 가지에 지나지 않는다. 이렇게 몇 가지도 안 되는 일들을 왜 우리는 못하고 있을까? 반복해서 말하지만 초점을 '잘' 에 맞추기 때문이다. 만약 당신이 '자주' 에 초점을 맞추었더라면, 당신은 그간 시도했던 일을 당신이 생각하는 것보다 더 잘 해내고 있을 것이다.

세상을 살다 보면 의외로 머리가 좋은 사람은 평범한 사람보다 성공 확률이 낮은 경우도 허다함을 알게 된다. 왜 그럴까? 머리가 좋은 사람은 항상 합리적으로 생각만 한다. 그러다 보니 '지금 이 일 대신 다른 일을 하면 더 편하고 돈도 많이 벌 것'이라고 믿는다. 그래서 하고 있는 일을 금세 관둔다. 그리고 또 다른 일을 찾는다. 반면 머리는 뛰어나지 않아도 자신이 하고 있는 일을 꾸준히 하는 사람은 다르다. 그는 어느 지점을 통과하는 순간부터 성과를 낸다. 성공은 그런 사람들이 한다.

물론 다양한 경험은 반드시 필요하다. 그것도 엄청나게 많이 필요하다. 하지만 그 경험에서 무언가를 배우려면 분야별로 일정 정도 시간 투자는 필요하다. 하나의 일에만 집착하고 거기서만 답을 찾으려는 사람도 답답하지만, 새로운 일만 찾아다니느라 시도만 하고 아무것도 배우지 못한 채 끝나는 사람도 기대할 것이 없는 건 마찬가지다. 공부든 운동이든 일이든 똑같다. 어떻게 해야 하는지 아는 사람은 어떤 일이 주어져도 똑같이 잘한다.

신체가 건강한 사람이라면, 대개 '걷기'는 누구나 할 수 있다. 그런데 이 걷기야말로 우리가 어렸을 때 어떠한 의미도 부여하지 않았고, 그래서 '좌절'하지도 않았던 일이다. 당신이 지금 잘 걸을 수 있는 까닭은 당신이 일단 걷고자 하는 의지가 생긴 이후 그것을 계속 시도했기 때문이지, 어린아이일 때 잘 걸어야겠다고 결심하곤 이내 좌절하는 일을 반복했기 때문이 아니다. 요점은 당신은 생각보다 능력이 있다는 것이다. 또한 당신이 지금 당장 해내지 못하는 일이라 할지라도, 당신이 그 일을 영원히 해내지 못하리란 법도 없다.

반복의 힘은 생각보다 세다. 당신이 잘하는 것에 집착하는 조급증 환자가 아니라면, 당신은 어떤 분야를 선택하든 자신이 원하는 수준에 도달하기야 할 것이다. 당신이 살아갈 날은 아직 길다. 그러니 당신이 할 수 있는 일을 찾았다면 그 일에 기꺼이 자신을 던져보길 바란다.

3.
관계

열등감에 지지 않기

한국 교육이 피폐해지는 이유는 상대평가가 한몫하는 것 같다. 상대평가를 치르는 현재의 상황에서 쉰다는 것은 거의 불가능하다. 옆에서 친구가 공부하는데 나 혼자 잔다는 것은 마음이 불편하기 때문이다. 물론 나 같이 야자 시간에 열심히 노는 사람도 있기야 있겠지만.

열등감이 느껴지는 이유는 무엇일까. 비교 대상이 있기 때문이다. 한국의 교육 체제는 참으로 위선적이다. 경쟁을 할 수밖에 없는 구조를 만들어놓고, 공부는 너희의 성장을 위해서라고 잘도 말한다. 하지만 학생들은 안 속는다. 속아주는 척할 뿐, 사실 힘이 없으니까 입을 다물고 있을 뿐이다. 진실은 그저 순위 매기기를 위해서 공부할 뿐이고, 1등을 위해 나머지가 몸 바쳐 희생하는 구조라는 것도 잘 안다. 그 예로, 어느 학교나 성적 상위권 학생은 집중 관리 대상이다. 공립이든 사립이든 차이는 없으며, 실제 학부모 상담을 하다 보면 상위권이 아닌 자기 자녀가 혜택을 못 받는다는 이유로 불만을 표하는 경우가 있다.

이런 구조의 문제점은, 다수가 패배자가 된다는데 있다. 하지만 그건 어디까지나 남의 평가에 의한 것이다. 사회가 패자로 규정했다고 해서 본인까지 진짜 패자라고 생각하면 안 된다. 아직 모두가 승자가 되는 시스템이 우리 사회에 정착되지 않았을 뿐이다.

본래 공부는 나의 성장을 위해서 하는 것이지, 순위를 매기기 위해서 하는 것은 아니다. 모르는 것을 알기 위해 하는 것이 공부다. 시험을 치르고, 순위를 매기기 위해 공부하는 순간, 그 공부는 재미없어진다. 우리는 시험을 위해 기계적으로 암기하고, 그 이후엔 깨끗이 까먹는, 순간 암기력 테스트를 위해 너무 많은 시간을 소비한다. 학생은 시간을 소비하고, 그 학생을 뒷바라지하는 부모는 돈을 소비하는 기형적 구조가 한국 교육의 구조다.

이건 당신만의 문제가 아니라 사회 전체의 문제다. 그러니 그 체제 안에서 경쟁에 실패했다고 좌절할 필요는 없지 않을까. 잘못은 학생들이 하는 것이 아니라 이상한 시스템을 만들어놓고 끝도 없이 경쟁을 요구하는 어른들에게 있다.

잠도 못 자면서 딱히 필요성을 느껴서라기 보단 남들 하니까, 왠지 자기도 해야 할 것 같아서 습관적으로 공부를 하고, 남들이 학원 다니는데 나만 안 다니면 성적 떨어질까 무서워서 학원에 다닌다. 나는 그게 뭐하는 짓인지 모르겠다.

내가 학생들을 볼 때 가장 마음이 편할 때는 자는 모습을 볼 때다. 교사 연수에 가면 협동 학습이니, 토론 수업이니 뭐니 하며 교사들에게 열심히 배우라고 이야기하지만, 나는 필요하면 그냥 강의식 수업을 한다. 수업은 최대한 빨리 끝내고, 남은 시간 동안 학생들에게 쉬라고 하고 싶기 때문이다. 내 생각엔 교사가 자기 수업에 얼마나 만족하느냐 보다 학생들이 얼마나 더 많이 쉴 수 있느냐가 중요한 것 같다. 예외가 있는 경우는 토론 수업을 할 때 정도다.

밤새 과제하느라 잠도 못 자다가 내 시간에 쪽잠을 자는 모습을 보면, '그래도 좀 잘 잤으면 좋겠다' 싶은 생각이 든다. 사실 그래서 4교시 수업이 가장 마음이 편하다. 교장 선생님이 식사하시러

갈 때여서 절대 교실을 둘러보지 않기 때문이다.

당신이 열등해서 학교에서 열등감을 느끼고 좌절감을 느끼는 게 아니다. 열등감은 그저 사회가 조장하는 분위기에 당신이 휩쓸려서 만들어낸 감정이다. 사회가 조장하는 열등감에 지지 말았으면 좋겠다.

나이 많으신 선배 교사들은 우리 같은 임용시험을 치른 후배들에게 늘 하시는 말씀이 있다. 도대체 그 어려운 시험을 어떻게 통과했느냐고, 자기는 시험 봐서 교사하라면 절대 못한다고. 그러면 나도 대답한다. 어쩌다 보니 운 좋게 된 것이라고. 다시 하라면 나도 절대 못한다고. 나는 내가 잘나서 시험에 합격했다고는 생각하지 않는다. 반대로 시험에 떨어지는 일이 못난 일이라고도 생각하지 않는다.

돌이켜 보면 나는 어쩌다 보니 국어를 잘해서 국어교육과에 갔을 뿐이었다. 딱히 국어를 좋아한다고 생각해 본 적은 없다. 하지만 대학에 가니 나보다 국어를 더 잘하는 학생들이 수두룩했다. 곰곰이 따져보니 책을 좋아한 것이지 국어를 좋아했던 것도 아니었다. 그저 책을 좋아하니 국어 성적이 잘 나왔을 뿐이었다. 그러니까 내 흐리멍덩한 진로 설계는 완전히 실패했던 셈이다. 재밌었던 수업은 전공 수업 중엔 단 한 시간도 없었다.

대학 시절 나는 성실한 학생은 아니었다. 종종 수업이 있는 줄 알면서도 강의실에 들어가지 않았고, 그 시간에 대학 도서관에 가서 여러 책을 읽었다. 임용 시험에는 나오지도 않는 서양 역사, 문학, 철학에 빠져 지냈고, 컴퓨터 관련 회사에 입사한다며 컴퓨터 공부를 한 적도 있다. 내가 대학에 갖다 바친 돈은 교수님들의 노동의 대가라기보다는 대학 도서관 이용료였던 셈이다.

국어로 내 동기들과 경쟁했다면 난 틀림없이 졌을 것이고, 좌절했을 것이다. 하지만 내 인생의 반전은 내가 국어 공부를 하지 않았기에 나타났다. 내가 컴퓨터를 잘 다룬다는 것을 알게 된 룸메이트가 자기 컴퓨터를 고쳐 달라고 부탁했고, 그다음엔 학과 동기들이 나에게 부탁을 해왔다. 이런 소문은 꼭 쓸 데 없이 빨리 퍼지는 법이어서 그다음엔 같은 과 선배들이, 그다음엔 다른 과 사람들이, 또 그다음엔 다른 과 교수님이 부탁을 해왔다. 마지막엔 어떻게 됐느냐 하면, 나는 어느 순간 대학교에서 여자 기숙사에 합법적으로 출입할 수 있는 유일한 남학생이 되어 있었다(사실 그건 별로 즐겁지는 않았다).

무언가 좋아하는 일이 있어야 열심히 한다. 내가 국어 공부를 하는 대신 좋아하는 컴퓨터를 공부했기에 열심일 수도 있지 않았을 까. 난 사실 대학에 들어가기 전까진 컴퓨터는 전혀 몰랐다. 그런데 도 대학 시절 내내 내 컴퓨터는 늘 최신 사양이었는데, 그럴 수 있 었던 이유는 컴퓨터 회사들의 제품 평가서를 써주는 아르바이트를 했기 때문이다(요새 생계형 파워블로거와 비슷하다).

돌이켜보면, 그때가 '사람은 주어진 일이 아니라, 자신이 원하 는 일을 해야 한다'는 것을 깨달았던 때가 아니었나 싶다. 인생이 란 닥치는 대로 하다 보면 언젠가 원하는 것을 찾게 되고, 그 일을 재미로 하다 보면 길이 열린다는 것을 그때 배웠다.

내가 국어를 시험 보기로 한 건, 순전히 대학 4학년 1학기에 개 인적인 사정으로 회사 입사를 접어야 했기 때문이다. 그래서 임용 시험을 치르기 위해 속독을 배우기 시작했고, 답안지의 내 글씨를 채점하는 사람이 못 알아볼까 봐 글씨도 따로 배웠다. 밀린 공부를 그때부터 시작한 셈이다. 나는 아는 게 전혀 없었지만, 그래도 일단 시작했으니까 한 번 해봐야겠다는 생각은 있었다.

공부가 그런 식이었으니 한 번에 붙을 까닭이 없다. 수차례 떨어 지고 나서야 간신히 합격했다. 내가 이런 이야기를 하는 이유는 사 람은 필요할 때 배우면 되니까 지금 속도가 느리더라도 절대 기죽지 말라고 말해주고 싶기 때문이다.

출발이 남보다 빠르든 늦든, 내가 아는 게 있든 없든, 전망이 좋든 나쁘든 그런 것이 중요한 게 아니다. 일단 자기가 하고 싶은 걸 찾는 게 가장 중요하다. 일단 찾으면 속도는 저절로 붙는다. 당신이 잘할 수 있게 되는 것은, 당신이 원하는 것을 찾기만 한다면 반드시 따라올 결과다.

거절하기

거절을 못하는 사람만큼 편하고 조종하기 쉬운 사람도 없다. 어쩌면 당하는 사람도 이걸 알기 때문에 괴로워하는 게 아닐까. 거절을 못하는 이유는 남에게 비친 나의 이미지를 의식하기 때문이다. 사람인 이상 남과의 관계를 완전히 끊을 수 없는 것도 맞고, 그래서 다른 사람을 전혀 의식하지 않을 수도 없겠지만, 이것만은 기억해야 한다.

책임은 오직 나만이 진다.

내 경우에는 이 생각이 상대의 부탁을 받아들일지 말지 결정해야 할 때마다 도움이 되었다. 일단 결정을 해버리면, 문제가 발생해도 남을 원망할 수 없다. 상대방은 어디까지나 '제안'이나 '부탁'을 한 것이고, 그것을 받아들이기로 '결정'한 내가 '책임'을 져야 하기 때문이다. 부탁을 한 것은 상대방이니, 상대방도 책임이 있다고 말해 보라. 세상모르고 어린양 부린다는 소리나 들을 것이다. 남에게 끌려 다니는 관계가 계속되면, 머리로는 나에게 책임이 있다는 걸 알면서도 남 탓하고 싶어지는 게 사람 마음이다. 그런 경우 잘 돼야 본전이고, 고생은 고생대로 하고 본전도 못 찾는 경우가 부지기수다. 왜 남 일로 스트레스를 받아야 한단 말인가?

나는 사람 사이의 관계가 '거절을 하지 않는다'가 아니라 '부탁을 들어줄 수도 있다'여야 한다고 생각한다. 사람들은 거절을 하면 관계가 틀어질 것을 걱정하지만, 생각보다 그런 경우는 많지 않다. 도리어 결정을 질질 끄느라 상대의 기대 심리를 한껏 불러일으키고, 마지막에 거절하기 때문에 관계가 더 나빠진다.

다른 사람의 부탁을 거절하지 못해 마지못해 하게 되면, 일단 자신이 원해서 시작한 일이 아니므로 어쩔 수 없이 하게 될 뿐이다. 그럼 그 일을 더 하기 싫어진다. 그런 마음으로 일을 해 봐야 잘 될 리가 없다. 애초에 내가 하고 싶어 시작한 것이 아니니 그도 당연하다. 그런 경험을 하고 나서 후회할수록 거절하지 못한 자기 자신에 대해 답답함만 쌓여간다.

다른 사람이 나에게 원하는 기대에 맞추어 사는 사람은 불행해지고, 그 결과 불평을 한다. 자신을 스스로 지킬 마음이 있다면, 상황을 내가 주도하고 거기에 대해 깔끔하게 책임지면 그만이라고 생각해야 한다. 당신의 부모가, 당신의 교사가, 혹은 친구들이 뭘 말하든지 간에, 당신이 하고 싶은 것을 하려면 때론 그것들을 거절해야 한다. 당신 몸이 두 개는 아니니까 말이다.

남이 무언가를 나에게 부탁하면 나도 모르게 "알았어"라고 하는 사람들이 생각보다 많은 것 같다. 하지만 그럴 때는 바로 하겠다고 하지 말고, '생각할 시간을 달라'고 요구하는 것도 좋은 방법이다. 일단 시간을 벌어놓고 바로 대답하지 않으면 나도 이성적으로 판단할 시간과 용기가 생기니까 말이다.

거절을 한다 해도 문제가 발생하진 않는다. 생각한 만큼 치명적인 문제가 발생하거나, 인간관계가 망가지거나 하는 게 아니다. 안 된다고 거절하면 주변에선 쉽게 보지 못하기 때문에 도리어 내 가치가 올라간다. 그래도 멀어지는 사람이 있다면? 그렇다면 자기 자신의 판단을 더 좋아해야 하지 않을까. 그런 사람이야말로 당신을 이용하려는 사람이었을 뿐이니까 말이다.

딱 일주일간 무조건 NO라고 해보라. 다소 까칠해 보일지 모르겠지만, 그렇다 해도 무슨 상관인가. 그들이 내 인생을 책임지거나 대신 살아주는 것도 아닌데. 남의 이야기에 동의하지 않는 것이야말로 배짱을 기르고 내 마음대로 살기 위해 필요한 삶의 연습이다.

문제는 상대가 나보다 나이가 많은 경우다. 이런 경우에도 앞서 말한 대로 '생각할 시간을 달라'고 하면 된다. 다만 나이로 상대를 누르고 무시하는 사람도 세상에는 분명 있다. 나로서는 그런 사람 근처에는 처음부터 발도 붙이지 말라고 하고 싶지만, 그게 쉽지 않다면 스트레스받지 말고 '하는 척'만 해도 된다. 다만 이런 경우는 장기전을 각오해야 한다. 상대방이 끈질기게 부탁해서 일을 받아들였다 치자. 그리고 진행 상황을 당신에게 물어본다 치자. 그럴 때마다 당신은 "네, 이제부터 열심히 하겠습니다" 또는 "열심히 하고 있습니다"라고 웃으면서 말하면 된다. 그리고 나중에는 '생각보다 일이 잘 안 되네요'라고 하면 된다.

내 경우를 예로 들자면, 학교는 퇴근 시간 이후의 업무를 요구하는 경우가 있다(학교만의 일이 아니다. 그간 내가 거쳐 온 직장은 모두 그래 왔다). 어떤 교사들은 업무니까 퇴근 시간 이후에도 종종 남아서 근무하는 것이 올바른 직장인의 태도라고 생각한다. 그러나 내 생각은 다르다. 나는 그런 경우에도 최대한 신속히 퇴근한다. 일이 많으면 근무 시간 내에 집중해서 처리하려 애쓰는 게 옳다. 그래도 끝나지 않는다면? 그래도 퇴근한다. 나와 국가 사이의 계약에는 노동 시간이 분명 정해져 있다. 내가 생각하는 예외적인 상황은 학생의 안전과 관련된 경우뿐이다.

어떻게 공무원이 그렇게 계산적으로 생각하느냐고, 깜짝 놀랄 독자들을 위해 다른 이야기를 하나 더 해주겠다. 전에 내가 학교에 남아서 열심히 일을 할 때였다. 날마다 늦게까지 일하자, 학교 수위 아저씨는 나를 불편하게 생각하기 시작했다. 그도 그럴 것이 늦게 퇴근한다고 내가 알아서 학교 문 잠그고 갈 수 있는 것도 아니니까. 그러면 덩달아 자기 퇴근까지 늦어진다. 그러니 싫어하는 것도 당연했다. 게다가 그렇게 죽도록 일해도 해야 할 일은 계속 몰려들기 때문에, 어차피 끝나는 법도 없다(세상 모든 일에는 공통점이 있다. 우리가 죽어야 끝난다).

자, 그렇게 열심히 일하면 다른 사람들이 고마워할까? 꿈 깨라. '아, 저 사람은 원래 저렇게 일하는구나, 그런데 왜 시간 내에 일을 못 끝낼까?' 혹은 '왜 저 사람은 혼자 저렇게 바쁠까?' 정도로 생각할 뿐이며, 상대를 쉽게 보기 때문에 당신이 얼마나 열심히 일하든 그저 결과가 나쁘면 비난의 대상이 될 뿐이다.

남의 짐을 함부로 짊어지지 마라. 그게 서로의 관계를 더 꼬이게 만든다. 남의 짐을 함부로 짊어지지 말아야 정말로 도울 필요가 있는 사람이 나타났을 때, 기쁘게 도울 수 있다. 내가 지쳐서 허덕거리고 있으면, 무슨 수로 남을 돕는단 말인가?

삶을 살아갈 때에는 용기가 필요하다. 많은 사람들은 상대방의 권리를 인정해야 한다고 말한다. 대화와 토론이 중요하다고도 말한다. 그러나 실제로는 말뿐인 경우가 많으며, 집단의 힘을 이용해 옳든 그르든 소수를 압박해 자신들의 이익을 얻어내려 하는 경우가 더 많다. 그렇기에 학급에선 편 가르기와 왕따 현상이 일어나고, 직장에선 파벌이 나타나며, 국회의원들은 자기네 당 의원 숫자 채우기에 여념이 없다. 이런 아름답지 못한 일이 일어나는 까닭은 단순하다. 사람들이 이성적이지 못하기 때문이다. 대개의 사람들은 본인이 이성적이라고 굳게 믿지만, 실은 감정 덩어리 그 자체고, 진정으로 깨어 있는 사람은 어느 시대에나 소수였음을 기억해야 한다.

그러니 그런 사람들 사이에서 자신을 지켜가며 자유롭게 살아간다는 것은 처음부터 쉬운 일은 아니다. 남과 다른 길을 걷기로 결심했는가? 그럼 수많은 방해를 각오해야 한다. 그러니 남의 의견에 내가 휘둘릴 것 같다면 단호히 거절하라. 타인에게 지배당하려고 당신이 태어난 게 아니다.

예전에 어떤 책에서 본 내용을 한 가지 덧붙이고 싶다(오래 전이어서 책의 제목은 기억나지 않는다). 누군가의 부탁을 들어줄 때에는 '이번 한 번만'이라는 말을 조심해야 한다. 사람들은 언제나 처음에는 '이번 한 번만'이라고 한다. 두 번째에는 '한 번만 더' 도와달라고 할 것이다. 그리고 세 번째부터는 더 이상 숫자를 세지 않는다. 왜냐하면 상대방에게 당신은 자신의 말을 '당연히' 들어주는 사람이 되었기 때문이다. 그러니 '이번 한 번만'이라는 말에는 반드시 현명하게 대처하는 연습을 해야 한다.

나의 행복은 내가 내 삶을 주도하고 결정할 수 있을 때 가능하다. 일일이 남의 지시나 간섭을 받을 때 행복이란 오지 않는다. 그러니 행복하기 위해선 때론 거절하고 자신의 길을 걷겠다는 각오와 노력이 필요하다.

부모로부터 독립하기

모든 동물은 부모로부터 독립한다. 사람도 예외는 아니며, 영원한 등골 브레이커로 살 게 아닌 바에야 언젠가 부모에게서 떨어져 나와야 함은 당연하다. 문제는 먹고 살기가 점점 힘들어지고, 그러다 보니 부모로부터 떨어져 나오기가 갈수록 힘들어진다는 데 있다.

그래서인지 장래희망 조사를 하면 학생들의 대답은 뻔하다. 교사, 공무원, 간호사다. 이해는 한다. 갈수록 먹고살기 힘든 시대가 되고 있으니까. 먹고살기 힘든 시기에 꿈은 사치라고도 하고, 일에 대한 감정이야 어떻든 현재 자기 분야의 최고가 되라는 말도 자기계발서엔 뻔질나게 등장한다.

그러나 나는 내가 부족해서인지 '가르치는 일'은 몰라도 내 전공인 '국어'는 좀 부담스러운 것 같다. 국어를 십 년 넘게 했는데도 마찬가지다. 수업을 할 수 있느냐 없느냐의 문제가 아니다. 마음이 편하거나 재미있느냐의 문제다. 내가 자꾸 수업이나 학생과의 관계에 대해 뭔가 변화를 시도하는 이유는, 기본적으로 내 생활이 재미없기 때문인지도 모른다. 이렇다 보니 일에 적성을 맞추라는 말은 참 힘들다는 생각이 든다.

그거야 어쨌든 이렇게 재미없는 삶을 재미있게 바꾸기 위해 날마다 궁리해볼 수도 있겠지만, 처음부터 재미를 느끼는 일을 할 수 있다면 어떨까. 그런 일 찾는 게 '삽질' 하는 거 아니냐고? 내가 전에 성공한 사람들을 조사해본 바로는 그런 '삽질' 을 많이 한 사람들이 결국 나중에 가서 성공하는 경우가 많았다. 참고로 내가 말하는 성공이란 자기 삶에서 어떤 의미를 찾아 재미있게 사는 사람을 말한다. 꼭 돈을 많이 번 사람을 이야기하는 것은 아니다. 세속적 의미의 성공이란 행운과도 같아 어느 날 갑자기 찾아오기도 하지만, 인생의 재미를 찾아 숨 쉬듯 당연하게 그 일을 하는 사람에게도 찾아온다.

이 모든 일은 부모 품을 박차고 나와야만 가능하다. 부모가 모든 걸 해결해준다면 자식이 어떻게 독립하겠는가. 대개의 사람은 지금 하는 일을 왜 하는지 몰라 의욕도 없고, 실수투성이며, 자기의 일을 한 번에 이해하지도 못한다. 그러나 이런 일들을 부모의 염려에서 벗어나 계속 반복하면 결국 능숙해진다. 사람은 성공 경험이 많으면 많을수록 삶이 재미있고 태도 또한 더욱 도전적으로 변하게 된다.

앞서 한 이야기로 다시 돌아가자면, 장래희망을 교사나 공무원으로 적은 학생들의 꿈은 사실 자신들의 꿈이 아니다. 정말 자신의 꿈이 교사라면 최소한 '국어 교사' 나 '물리 교사' 여야 한다. 공무원이라면 '경찰 공무원' , '군인' 이어야 한다. 무슨 차이냐고? 바로 구체성이다. 단지 부모가 '공무원이 안정적이니까 너는 커서 공무원 해야 한다' 고 말했다 해서 그 말 그대로 학습한 학생의 경우, 자기 꿈이 아니기 때문에 막연할 수밖에 없다. 그러니까 '공무원' 이라고 적는 것이다. 그래서 나는 그런 학생들에게 '부모님 꿈 말고, 네 꿈을 찾으라' 고 말한다.

살아간다는 건 그런 의미다. 끊임없이 내가 원하는 걸 찾는 과정. 부모를 포함한 어른들은 말한다. '모난 돌이 정 맞는다', '처음 회사 들어가면 귀머거리 3년, 벙어리 3년이다' 등등. 부모 세대에는 그것이 미덕이었다. 기회는 언제나 기성세대가 주었고, 참고 견딤으로써 그것을 얻었다. 그러나 요새는 그러기도 쉽지 않다. 게다가 그것은 어디까지나 내가 얻은 것이 아니라 남이 준 것이지 않은가. 또한 지금은 자기표현의 시대다. 자신이 원하는 것을 표현하고, 자기가 하고 싶은 일을 하는 것이 잘못은 아니다.

부모에게서 독립하지 못할 때의 가장 안타까운 점은 자기가 하고 싶은 것을 찾아도 주저하게 된다는 점이다. 모든 걸 부모 허락을 받아야 하기 때문이다. 이건 이래서, 저건 저래서 안 된다는 말을 듣고 자란 아이들에게 진취성을 요구하고 사회 적응력을 요구하는 건 참 힘든 일인 것 같기는 하다.

(특히 문과) 학생들이 나에게 자주 묻는 질문 하나.

"선생님, 우린 커서 뭐해야 돼요?"

그럼 나는 웃으면서 상냥하게 대답해 준다.

"응, 너희들은 뭘 해도 답이 없어. 아무거나 해도 돼"

학생들은 이 진실한 대답에 기가 막힌 표정을 짓지만, 동시에 반박할 수 없음에 절망도 느끼는가 보다. 하지만 그것이 사실임을 어찌하랴. 그러나 학생들은 내 말의 의도를 정확하게 파악하지 못하고 있다. 사실 내 말의 중요성은 뒤에 있다. 원래 인생에 정답이란 없으므로 아무거나 해도 되는 것이 맞다. 내가 사는 방식이 남의 방식과 다르면 오답이란 말인가. 나는 그런 이분법에는 동의할 수 없다.

뭘 해도 상관없으니 '아무거나 해도' 되는 상황을 축복이라고 이야기하진 않겠다. 그건 아무래도 너무 뻔뻔한 얘기다. 어쩌면 나나 학생들은 더 이상 기성세대보다 부유하고 풍족하게 살긴 힘들지도 모르겠다. 나는 모두가 행복하고 풍족한 사회가 오기를 바라지만, 물질적 풍요를 바랄 수 없다면 자기 꿈을 위해 살며 소탈하게 사는 것도 하나의 삶의 방식이라고 생각한다. 어느 쪽을 택하든 자기 의지로 택한 것이라면 존중해야 한다.

다만 꼭 해주고 싶은 말이 있다. 단순히 안정성만을 보고 미래를 계산하지 말았으면 좋겠다. 부모는 늘 안정성이 1순위지만, 자식은 자신이 온전히 몰입할 수 있는 진정한 무언가를 찾기 위해 끊임없이 노력해야 한다. 최근에 모 대학 입학 사정관에게 들은 이야기를 하나 전한다.

"학생들은 취업 잘 된다고 하니까, 또는 자기 점수 아까워서, 혹은 부모가 시키니까 자기 적성하고 상관도 없는 과에 진학한다. 그리고 전과(轉科)를 하겠다고 한다. 그러나 애초에 자기가 속한 학과에 관심이 없는데, 공부를 열심히 할 리가 없다. 그러니 점수도 안 나오고, 당연히 전과도 안 된다. 그러다 보면 대학 4년의 시간을 의미 없이 날리기 십상이다. 제발 자기 적성에 맞게 대학에 진학했으면 좋겠다."

부모의 기대와 나의 기대가 일치하지 않을 때, 내가 원하는 좁은 길을 가야 하는 현실적인 이유다.

몇 년 전 가르쳤던 학생 중에 매우 독립적인 성향의 학생이 있었다. 공부도 잘했고, 학교생활도 성실했다. 다만 다른 학생들의 공격을 받고 있었다. 왕따를 당하고 있었던 것이다.

왕따 문제가 발생하면 교사들도 어렵기는 마찬가지다. 공개적으로 이야기하기도 꺼려지고, 쉬쉬하며 처리하는 것도 안 된다. 아무튼 왕따 현상을 들여다 보면 정말로 아무 이유도 없이 시작되는 경우가 의외로 많은 것에 놀라게 된다. 하지만 어떤 이유로 발생했든 간에 본질은 똑같다. 나보다 약한 사람을 목표로 정해 괴롭히는 것이다. 다른 식으로 풀이하자면 서로가 서로를 인정하지 못해 발생하는 것이 왕따 문제다.

사람들은 나이가 몇 살이든 간에 나와 다른 존재를 참기 힘들어한다. 따라서 사회화를 위해서라도 나와 다른 존재의 가치도 인정해야 한다는 점을 계속 가르치지 않으면 안 된다. 결국 사회화란 사람들에게 인내심이란 덕목을 가르치는 과정인 것이다. 이런 일에 게으르면 그 사회가 갈등으로 인해 분열로 치닫는 건 시간문제라고 보면 된다.

아무튼 앞서의 경우는 당하는 학생은 자신의 생활 방식을 지키려 하고, 가해 학생들은 자기 집단의 방식을 강요하기에 발생한 문제였다. 강요를 하면 당연히 문제가 발생한다. 이럴 때의 문제 해결은 서로가 서로의 차이를 인정하고, 참견하지 못하도록 하는 데서 시작된다. 남의 의견에 동의하진 않더라도, 상대가 나와 다를 수 있다는 점에 대해 인정은 하게끔 해주어야 한다.

먼저 가해 학생들에게는 사생활의 중요성을 강조한다. 남과 다른 것은 문제가 되지 않으니, 불필요한 참견은 하지 말라고 한다. 나는 그 부분에 대해서는 분명하고 엄하게 지적하는 편이다. 다시 말하지만, 차별에 대한 사람의 본능은 교육으로 억누르지 않으면 안 된다. 개인의 권리를 인정하지 않는 사회는 폭력이 지배하는 사회다.

문제는 피해 학생이다. 왕따 피해 학생에게 섣불리 너도 문제가 있다느니, 친구들과 어울리려고 노력해 보라는 식의 충고는 도움이 안 된다. 그래서 나는 피해 학생을 불러놓고 물어봤다. 내 질문은 단 하나였다.

"내가 너에게 친구들이랑 사이좋게 지내라고 하면 웃기겠지?"

그 학생은 그렇다고 대답했다. 그래서 나도 말했다.

"인간관계에서 재미를 찾을 수 없으면, 공부에서 찾아보자."

나는 모두가 학교 공부를 열심히 해야 한다고는 생각하진 않지만, 그 학생에겐 공부가 필요해 보였다. 그래서 매일 함께 남아 공부를 했다. 그때는 내가 매일 같이 저녁에도 학생들을 가르칠 때였다. 내 수업을 듣던 학생 무리에 늦게 들어왔지만, 그 학생은 적응도 빨랐다.

지금은 내가 학교를 옮겼고, 그 학생도 졸업을 했기 때문에 서로 만나지는 못한다. 그래서 그 이후의 일은 잘 모르겠다. 다만 딱 한 번, 길을 가다 만난 적이 있었는데 진로 문제로 고민을 하고 있었다. 하지만 그다지 걱정하진 않는다. 나는 사람에겐 각자 자기 문제를 해결할 능력이 있다고 믿고 있으니까.

다시 원래 이야기로 돌아가서, 내가 내린 처방은 그 학생에겐 도움이 되는 것 같았다. 그리고 내가 그런 방법을 생각해 낼 수 있었던 건 내가 훌륭해서가 아니다. 그저 어떤 사람도 모든 걸 완벽하게 해낼 수는 없고, 거기에는 인간관계도 포함된다고 생각했기 때문이다. 사실 나에게도 똑같은 경험이 있다. 내가 다닌 고등학교는 공부를 하면 왕따를 당하는 수준의 학교였다. 그런 학교에서 버틴다는 건 정말로 힘든 일이었기 때문에 나도 똑같은 고통을 알고 있다.

'친구들과 사이좋게 지내라', '다른 사람들과 어울려라' 와 같은 이런 종류의 이야기는 어른들이 모두 좋은 의도에서 해주는 건 분명하다. 그러나 동시에 그것은 그럴 필요성을 느끼지 못하거나, 그러기 힘든 사람에겐 그냥 고통일 뿐이다. 집단 가치의 공유 필요성은 현세대에겐 큰 의미로 다가오는 부분이 아니다.

참으로 안타깝게도 많은 사람들이 상대방을 힘들게 하는 것이 무엇인지 생각하지 않는다. 상대가 겪고 있는 문제를 차분히 들여다보지 못한다는 뜻이다. 그저 상대가 아니라 자기가 생각하는 답을 주려고 한다. 왜 그런지는 나도 안다. 문제를 빨리 해결하고 싶은 조급증이 발동하기 때문이다. 그래서 상대방과 충분히 이야기를 나눌 여유가 없게 된다. 그러나 그런 식으로는 문제 해결이 되지 않는다. 사람이 아니라 문제에 초점을 맞추면, 상대에게 자꾸 정답을 주고 싶어지는 게 사람의 마음이다. 그러나 진짜 문제는, 상대방이 정답을 몰라서 고민하는 게 아니라는 데 있다.

당신은 어떤가? 당신의 성적은 괜찮은가? 완전한가? 성적이 안나와서 고민하는 학생을 나는 수없이 본다. 그 학생들이 모두 공부를 열심히 해야 성적이 잘 나온다는 사실을 몰라서 고민할까? 공부 시간 늘리기, 오답 정리하기, 유명 학원 강사의 수업 듣기, 학습 플래너 쓰기 등의 방법은 모두 알고 있다. 다만 노력하고 있음에도 성적이 오르지 않아 고민하고 있는 것이다. 만약 내가 그런 학생들에게 잠자는 시간을 더 줄이고 더 열심히 공부하라고 한다면, 내기를 해도 좋지만, 그 학생들은 다시는 나에게 고민상담을 하러 찾아오지 않을 것이다.

위로 안 되는 충고만큼 쓸모없고 상대를 괴롭히는 일도 없다. 참견이 정말로 나쁜 이유는 그것이 상대를 이해하기 위한 노력이 아니기 때문이다. 어쩌면 참견을 하는 이유는 사실은 참견하는 사람이 자신의 불편한 상황을 빨리 해소하고 싶기 때문이 아닐까. 연애해 본 사람은 알 것이다. 여자친구가 울고 있는데 맘 편히 게임하고 있는 남자 친구는 없다(있다면 빨리 헤어져라). 보통의 남자들은 불안해서 안절부절 못하고, 그 감정 상태를 벗어나고 싶어서 온갖 짓을 다 한다. 달래도 보고, 충고도 하고, 심지어 밖으로 도망가기도 한다. 하지만 어떤 방법을 쓰더라도 상황은 전혀 나아지지 않는다.

상대가 괴로워할 때 아무 도움이 못 되어서 괴로운가? 그래도 너무 자책하지 않았으면 좋겠다. 그런 일로 어쩔 줄 몰라 하지 않아도 된다. 그 사람은 지금 성장하는 중이니까. 말을 줄이고 침묵하는 시간이 길어도 된다. 상대 옆에 있어 주면 그게 위로고 공감이다. 관심과 애정은 상대를 지켜보고 지지한다는 믿음의 표현이지, 상대방에게 자신의 해답을 강요하는 것이 아니다.

마지막으로 하나만 덧붙이고 싶다. 나중에 부모가 되어 고민에 빠져 말을 않는 자녀와 소통할 자신이 없다면, 억지로 화를 내면서 캐묻지 말고, 차라리 이렇게 말해라.

"OO야, 치킨 사 왔다!"

그 편이 훨씬 큰 위로다.

침묵하기

지성이 없는 사람은 남의 삶에 함부로 참견한다. 이런 행동을 막아주는 것은 스스로에 대한 정신의 단련 외엔 없다. 수다스럽고 참견 좋아하는 사람이 당신 주변에 있다면 얼마나 피곤할까? 그런데 당신도 그런 모습으로 주변에 비치고 있는 것은 아닌지 생각해 보아야 한다.

다른 사람이 당신에게 의견을 요청하지 않았다면, 입을 다물고 있는 편이 여러모로 낫다. 당신이 말이 많으면 많을수록 다른 사람들은 당신을 가볍게 본다. 당신의 현재 상황에 대해 모든 것을 털어놓으면 후회할 때가 올 수도 있다. 경험상 학생들이 보통 남에게 털어놓고자 하는 이야기는 가족 이야기, 공부에 대한 스트레스, 싸운 친구와의 이야기 같은 것들부터 매우 심각하고 구체적인 이야기, 예를 들면 전학이나 자퇴 등등 다양하다.

만약 당신이 중대한 이야기를 하고 싶다면 당신이 찾아야 할 사람은 친구가 아니라 상담 교사나 신경정신과 의사일 수 있다. 왜냐하면 친구끼리의 이야기는 어른에게 하는 이야기보다 공감은 더 잘 될지 모르지만, 구체적 해결책을 기대하기는 어렵기 때문이다. 반복해서 말하지만 만약 정말 심각하고 위험한 일이라면 당신은 친구가 아니라 상담 교사, 경찰, 의사 같은 전문가에게 주저 없이 찾아가야 한다.

하지만 그 정도의 문제가 아니라면, 어떠한 경우에도 불평은 도움이 되지 않으므로 입을 다물고 있는 편이 낫다. 소프트뱅크를 설립한 손정의 회장은 "불평이 자신의 그릇을 작게 만든다"고 했다고 한다. 굳이 불평을 할 거라면 차라리 분노를 하는 편이 낫다. 불평은 현재 상황에 대해 주저앉은 채로 끝도 없이 구시렁거리게만 하지만, 분노는 행동으로 나아가게 만드는 동력이 될 수 있기 때문이다.

정직하게 고백하자면 나 역시 불평이 많은 편이다. 아마 비판적인 성격 때문일 것이다. 나에게는 세상의 부조리가 너무나 잘 보인다. 하지만 불평이 도움이 되었던 적은 한 번도 없었다. 불평을 할 때마다 다른 사람과의 사이는 늘 좋지 않게 끝났다. 왜냐하면 불평은 듣는 사람들을 지치게 만들고, 그래서 힘을 빼앗기 때문이다. 그래서 전략을 바꾸기 위해 노력했다. 불평을 하는데서 끝나는 게 아니라 어떻게 하면 상황을 바꾸고 주도할 수 있을 것인가에 대해 생각하기 시작한 것이다.

내가 취한 방법은 불평 대신 할 수 있는 일을 찾아 하는 것이다. 너무 단순한가? 하지만 내가 써먹은 온갖 방법 중에 이보다 더 좋은 것은 없었다. 사람은 누구나 자기 생각을 갖고 있어서, 남의 생각을 바꾸기란 결코 쉽지 않다. 고대 그리스인들을 생각해 보라. 소피스트들은 그 옛날부터 남을 설득하는 기술을 돈을 받고 가르쳤다. 값이 싼 것도 아니었다. 웬만한 노동자의 1년 치 연봉보다 더 많은 돈을 받았으니까. 이런 사람들이 그 시대에도 있었다는 건 다른 사람의 생각을 돌리는 일이 얼마나 힘든지를 보여주는 예라고 할 수 있다.

　세상 사람들을 상대로 논쟁을 하는 일이 도움이 되지 않는다면, 당신이 할 수 있는 일을 찾아 하는 편이 낫지 않을까? 그 편이 변화를 가져올 것이며, 당신이 일에 몰두하는 동안 걱정과 근심을 잊을 수 있기 때문이다.

　당신이 침묵을 선택하면 다른 사람들이 당신에게 고민을 털어놓기 시작할지 모른다. 입이 무거운 사람이야말로 비밀을 털어놓기에 가장 적합하니까 말이다. 그래서 당신이 입을 다물면, 상대방은 당신에게 입을 열게 된다. 이때 주의할 점은 대개의 사람들은 당신과 마찬가지로 해결책을 원하는 게 아니라, 그저 공감을 바라는 경우가 많다는 점이다.

　그런데 만약 당신이 입을 열어 어떤 해결책이든 주려고 애쓰면 어떻게 될까? 바로 그 순간부터 상대는 당신에 대한 신뢰를 거두게 된다. 그리고 이번에는 당신의 말을 잠자코 듣느라 무척 힘들게 될 것이다. 공감을 바라는 사람이 도리어 당신의 말에 맞장구치느라 공감을 해야 할 판이니, 이보다 큰 고역도 없다. 그러니 굳이 해결책을 제시하려 노력하지 않아도 된다.

정말 조언이 필요한 경우가 생각보다 많지 않은 이유가 무엇인지 아는가? 당사자가 이미 답을 알고 있기 때문이다. 이때 문제를 겪고 있는 당사자에게 필요한 건 해결책이 아니다. 특히 친구의 연애 문제에는 개입할 필요가 없다. 왜냐하면 그 친구는 결국 자기 마음대로 할 것이기 때문이다. 당신이 하는 온갖 이야기는 아무 쓸모가 없다는 말이다.

상대를 위로하기 위해 어떤 말이든 해야 할 것 같은 순간이 올 것이다. 하지만 그 감정에 속지 마라. 상대를 위로하는 가장 좋은 방법은 침묵이다. 상대가 조언을 요청하기 전까진 당신이 먼저 나서면 잔소리밖에 안 된다는 것을 기억해야 한다. 그렇지 않으면 당신에게 끊임없이 잔소리하는 부모님, 선생님, 그 밖의 기타 어른들이 당신에게 했던 일을 남에게 똑같이 하는 것이다.

불편한 것 표현하기

최근 인터넷에서 '꼰대 육하원칙' 이라는 것을 본 적이 있다. '꼰대 육하원칙' 은 다음과 같다고 한다.

Who(내가 누군 줄 알아) / What(네가 뭘 안다고) / Where(어딜

감히) / When(왕년에) /How(네가 어떻게 나한테) / Why(내가 그
걸 왜)

보고 한참을 웃었는데, 현실을 너무 적나라하게 표현했기 때문
이다. 당하는 입장의 사람은 모두 생각이 비슷한가 보다. 내가 무언
가를 할 때에는 나이로 누르면서, 자기가 무언가를 할 때에는 원칙
을 찾는 '꼰대' 들이 도처에 널려 있는 것이 분명한 현실인 것이다.

내가 그간 경험했던 어떤 조직에서도, 민주주의 같은 건 찾을 수
없었다. 물론 세상에는 그런 곳도 있기는 하겠지만, 그런 조직이 과
연 몇 개나 되겠는가. 그런 점에서 어른이 된다고 모든 것이 편해지
는 것은 아니다. 여전히 사회에 나가도 나보다 나이 많은 사람은 있
다. 그리고 그중에는 이런 식의 말을 하는 사람도 있다.

"젊은 애들은 끊임없이 지적하고, 혹독하게 채찍질해야 한다,
그게 다 아끼는 마음에서 하는 행동이다, 다 내 자식 같아 그런다"

이런 말이 마음에 와 닿는가? 나는 1밀리그램도 와 닿지 않는다.

수행평가 과제로 학교생활의 힘든 점을 글로 써보라고 한 적이
있다. 읽다 보니 선생님들이 윽박지를 때, 말을 못 하는 분위기에서

공감도 안 되는 이야기를 억지로 들어야 할 때가 힘들다는 이야기가 있어서 흠칫했다. '내가 느끼는 감정을 이 애들이 느끼고 있구나' 싶어서 나부터 조심해야겠다는 생각이 들었다.

모든 사람이 남을 공정하게 대하려 하진 않는다. 그리고 그런 사람들이 그 같은 행동을 못하게 막는 방법은 하나뿐이다. 불편함을 표현하는 것이다. 불편함을 표현하면 불이익을 받지 않느냐고? 물론 그럴지도 모른다. 하지만 받을지, 안 받을지, 혹은 언제 받을지 모를 불이익이라면 차라리 각오하는 편이 마음 편하다. 불이익을 받더라도 나를 보호하려는 노력이 더 중요하기 때문이다. 대개의 일반적인 학생들은 이러한 행동에 두려움을 느낀다.

사람은 누구나 자존심이 있기 때문에, 남에게 일방적으로 휘둘리는 걸 좋아하지 않는다. 남에게 일방적 지시나 명령만 받으면 어떻게 될까? 마음에는 불만이 생기고, 이 불만을 억누르느라 힘을 써야 한다. 거기에 삶의 에너지가 집중되면 정상적인 생활을 하는 데 쓸 에너지가 모자란다. 그러면 삶이 망가진다. 그럼 내 인생이 왜 이런가 생각하게 되고, 다시 거기에 분노하는 일이 되풀이된다. 이런 분노에 집착하고 그것에만 빠져 지내는 동안, 내 정신은 속박된다. 자유는 저 멀리 날아간다. 이런 악순환을 끊고 진정 자유롭고 싶다면 아무리 사소한 것이라도 불편하면 말해야 한다.

불편한 것이 있으면 참지 말고 말해 보자. '에이, 그냥 넘어가자. 괜히 서로 더 불편해지기만 할 거야'와 같은 생각은 하지 말아야 한다. 당신이 그 생각으로 스스로를 방치하는 동안 사태가 더 나빠졌다는 사실을 이해한다면 말이다. 자기주장이 잘 안 되는 사람은 훈련을 해야 한다. 자신의 감정을 이야기하는 건 생각보다 쉽지 않은 일이다. 처음에는 상대의 반응을 미리 앞질러 생각하기 때문에 아무 말도 못한다. '말하면 또 화내겠지. 그냥 말하지 말까?' 같은 생각이 들기도 한다. 그러나 내가 어떤 말이나 행동을 했을 때, 그것을 해석하고 반응하는 것은 결국 상대의 몫이다. 상대가 이해하든 화를 내든, 그건 상대의 결정이고, 내가 참견할 일은 아니다. 내가 상대방의 감정까지 미리 고민할 필요는 없다. 어차피 우리는 늘 누군가와 부딪치며 산다.

요새 학생들이 버릇이 없느니 어쩌니 하지만, 내가 봤을 때 학생들은 여전히 착한 편이다. 어른들이 하는 착각 중의 하나는, '순종=선량함'이라고 믿는 데서 나타나는 것 같다. 그래서 자기 뜻대로 안 되는 힘든 학생이 나쁜 사람이라고 믿는 듯한 느낌이다. 그래서 참다못한 자녀가 어느 날 반항을 하면, 대개 부모들은 충격을 받는다. 내가 볼 땐 부모가 됐든 누가 됐든, 계속 순종을 요구하면 그 부작용은 언제고 반드시 나타난다.

어쨌든 그런 부작용이 나타나기 전에 그냥 자기 감정을 솔직히 말하는 연습을 하면 어떨까? "그 말을 들으니까, 내 기분이 별로 좋지는 않네", "그 말 좀 기분이 나쁘네" 같은 표현은 내가 자주 쓰는 표현이다.

나는 나이가 많아질수록 어떤 사람의 발언권이 세지는 사회는 정상이 아니라고 본다. 그건 나이에 따라 서로 사람을 차별하는 일이 당연하다는 말이 되기 때문이다. 적어도 민주 국가라면 그런 사고방식이 통해서는 안 된다. 만약 그런 게 통한다면 '한국식 민주주의' 같은 이상한 표현도 허용해야 한다.

나이를 먹으면 애가 된다는 말이 있는데, 그 '애'가 된다는 말은 '자기중심적'으로 변한다는 뜻이다. 왜 그렇게 되는지 아는가? 틀렸음을 '지적'하는 사람이 없기 때문이다. 연장자에게 쉽게 지적할 수 있는 사람이 과연 몇이나 될까? 그러다 보니 내가 어디까지 행동해도 되고 안 되는지, 판단이 안 서는 것이다. 이런 식의 막무가내형 인간이 생각보다 많다. 그리고 자신의 행동이 남에게 어떤 영향을 끼칠지 제대로 판단을 못 하면 문제가 생긴다.

처음부터 나쁜 사람이 있는 것이 아니다. 주변에서 도와주지 않으면 사람이 나빠진다는 말이다. 그러니 더 이상 그런 사람이 없게 하기 위해서라도 불편함을 표현하자. 그런 사람들이 많아져야 사회도 더 정상으로 돌아갈 테니까 말이다.

덧붙이는 말 : 앞서서는 침묵하라고 했지만, 불편할 걸 표현할 줄은 알고 있어야 한다. 말을 못 해서 참고 있는 것과 말을 언제 해야 하는지 타이밍을 재는 것은 서로 다른 문제다. 당연히 해야 할 상황에선 분명히 의사 표현을 해야 한다. '안' 하는 것과 '못' 하는 것은 서로 다른 차원의 문제이기 때문이다.

다른 사람의 평가 무시하기

교사 4년 차에 1정 연수를 받을 때였다. 1정 연수 기간 동안 교사도 학생처럼 똑같이 공부를 하고, 시험을 친다. 시험 역시 상대평가다. 이 점수가 중요한 까닭은, 교감이나 교장 같은 관리자가 될 때 결정적 영향을 끼치기 때문이다.

참으로 이상하게도, 어느 학교나 1정 연수를 가는 교사들에게 선배 교사들은 "점수 잘 받아라, 그 점수가 네 승진과 연결된다, 가서 1등 하고 와라" 같은, 그다지 공감도 안 되는 이야기를 아주 쉽게 한다. 하지만 학년 초에 나눠주는 반배치고사 성적표를, 받자마자 파쇄기에 넣어버리는 나 같은 사람에겐 감흥이 없는 이야기다.

연수에 내 또래 교사들을 많이 만난다는 건 참 재미있는 일이었다. 일단 가르치려 드는 사람이 없다는 게 참 좋았다. 배움을 청하지 않으면, 가르치려 하지 말아야 한다는 게 내 생각이다. 나는 학교란 참 이상한 곳이라고 생각하면서도, '내가 아직 40대가 아니고, 50대가 아니어서, 그 사람들 눈엔 보이는 게 내 눈엔 아직 안 보이는 게 아닐까, 혹시 내가 틀린 건 아닐까' 같은 생각을 했던 적이 있었다.

하지만 웬걸, 1정 연수에 강사로 오신 선생님들은 나이에 상관없이 모두 나 같은 생각을 가지고 계신 분들이었다. 그분들은 학교의 부조리와 싸웠고, 부당한 지시나 간섭에서 자신의 수업 방식을 지켰으며, 그렇게 해서 스스로의 가치를 증명한 사람들이었다. 내가 거기서 만난 분들에게 배운 건, 수업의 기술이 아니라 삶을 대하는 태도였고 철학이었다. 그분들은 학교에서 흔히 보는 "친목회 안 나오면 학교에서 소통이 안 되니까 나와서 배구를 해야 한다"라고 말하는, 주변에서 흔히 보는 선배교사들과 분명 달랐다.

나는 학생들도 마찬가지라고 생각한다. 사람은 원래 남의 평가에 민감하다. 과거에는 무리에서 떨어져 혼자 사는 게 어려웠다. 가령 기계가 없던 시대에 농사를 어떻게 혼자 짓겠는가. 말이 안 되는 얘기다. 그러니까 집단 노동의 필요성이 중요했다. 또한 농사라는 건 기본적으로 떠돌아다니며 지을 수 있는 게 아니다. 한 지역에 정착하다 보면 당연히 옆집 숟가락 개수까지 헤아릴 수 있다. 이런 상황에선 한 번 눈 밖에 나면 그 지역에서 사는 것 자체가 불가능할 수 있었다. 남의 평가가 나의 생존과 연결된다고 생각하면 당연히 민감할 수밖에 없다.

하지만 개인주의에 찬성하든 아니든, 개인주의 자체가 하나의 거대한 흐름이 되는 것은 분명한 현실이다. 이런 상황에서 과거의 가치관을 젊은 세대에게 주입하려 하면 반발하는 것도 당연하다. 세대 갈등은 이렇게 생긴다.

하지만 학생들을 보면, 어른들에게 반항하면서도 따르는 모습을 자주 보인다. 자기 삶을 주도한다는 것은 남의 지시 없이 해내야 한다. 때로 더 잘 가기 위해 주변에 도움을 청할 수는 있지만, 남의 지시대로 움직이는 것은 내가 움직인다고 할 수 없다. 거기에 내 의지는 빠져 있기 때문이다.

그런데 왜 이런 모습을 보이는 걸까? 두렵기 때문이 아닐까? 사람은 누구나 불안정성에 대한 두려움이 있다. 그러니 되도록 안정적인 길을 택하려고 한다. 그러나 그 두려움을 극복하는데 인생의 의미가 있다고 생각한다. 평생 남이 만들어놓은 울타리 안에서만 웅크리고 있다 보면, 어느새 내가 울타리를 넘어갈 수 있다는 사실조차 잊어버린다.

내가 나를 진정으로 소중하게 생각한다면, 남의 평가가 어떻든 '나는 나' 라를 사실을 알게 된다. 성적표가 나오면 결과가 안 좋다고 우는 학생들을 볼 때마다 드는 생각. '이 사회는 정말로 숫자놀음에 미쳐 있구나'

한 가지 덧붙이자면, 나는 1정 시험 전날까지 책을 설렁설렁 봤고, 그러면서도 시험 대비 자료는 착실히 만들었다. 그리고 그 자료는 다른 선생님들에게 전부 나눠주었다. '경쟁시험' 이 눈앞에 닥쳤는데, 난 왜 그랬을까? 내가 봉사성이 좋아서? 아니다. 평소 내가 학생들에게 '그깟 시험 점수' 에 목숨 걸지 말고, 친구를 '경쟁자' 로 여기지 말라고 가르쳐왔기 때문이다. 말과 행동을 일치시키려 노력하지 않는 순간, 나는 내가 타락할 거라는 걸 잘 안다. 그런 모습으로 학생들을 가르치고 싶지는 않다.

타인의 말과 평가, 사회의 기준은 어디까지나 그들의 기준이지

나의 기준이 아니다. 자유로워진다는 것은 세상의 기준으로부터 독립한다는 뜻이기도 하다. 타인의 기준과 평가, 말에 우리는 매 순간 상처 받을 것이다. 그러나 그것은 자신의 기준으로 평가하려는 사람들의 폭력이다. 그러니 거기에 너무 연연하지 말자.

잘하라고 요구하지 않기

야간 자습시간에 학생 한 명이 묻는다.

"선생님, 2등급을 맞으려면 몇 등을 해야 돼요?"

그래서 물어보았다. 왜 2등급을 맞아야 하느냐고. 좋은 대학에 가야 하기 때문이란다. 좋은 대학은 왜 가야 하느냐고 물었더니 남에게 인정받기 위해서라고 했다. 그래서 다시 물었다.

"그럼 너는 남에게 인정받기 위해 공부하는 거니? 남이 인정하지 않으면 네 인생의 가치가 없는 거야?"

그랬더니 그 학생이 모르겠단다.

어른들은 좋아하는 일을 하겠다고 하면 철이 없다고 이야기하지만, 그럼 남들 다 하는 일을 하면 소위 말하는 경제적 성공은 할 수 있을까? 그렇다면 남들 다 하는 전국의 수많은 커피숍과 치킨집, 음식점은 모두 장사가 잘 되어야 마땅하지 않은가.

내가 정말로 이해 안 되는 것 중의 하나는, 이 나라 사람들은 왜 그렇게 뭐가 됐든 잘해야 한다고 믿는 것인지 모르겠다는 점이다. 살아간다는 게 매번 쉽게 한 번에 일사천리가 아닌데, 못하거나 결과가 안 좋으면 큰 문제가 생기는 것처럼 군다.

물론 뭐가 됐든 잘하면 기분 좋은 건 사실이다. 하지만 앞의 학생처럼 잘하고 싶다는 강박관념이 존재할 뿐이고, 사실 왜 잘해야 하는지 물어보면 답을 못하는 학생이 대부분이다. 나는 뭔가를 늘, 그것도 내가 아니라 남이 요구하는 것을 그렇게까지 잘해야 하는지 잘 모르겠다.

그런데 사람이란 공정해야 한다. 내가 싫은 것은 남도 싫은 것이며, 내가 좋은 것은 남도 좋아한다. 남에게 '잘해야 한다, 열심히 해야 한다' 라는 잔소리를 듣고 싶지 않다면 나도 남에게 그래서는 안 된다.

나는 조별 수업을 할 때에는 성적을 고려하여 자리 배치를 하진 않는다. 그냥 무작위로 한다. 그리고 첫 시간엔 이렇게 말한다.

"자, 여러분, 내가 공부를 못하는 학생이라면 이렇게 생각할 겁니다. 조별 활동을 하면 내가 남에게 민폐 끼치는 거 아니냐, 맞습니다. 여러분은 민폐 끼치는 겁니다(왜인지 모르지만 이렇게 말하면 다들 웃는다). 하지만 여러분은 이것도 알아야 합니다. 세상에 남에게 폐 안 끼치고 사는 사람 없습니다. 여러분 눈앞에 있는 저도 똑같습니다. 서로가 서로를 인정하며 살지 않으면, 우리는 이기적으로 이득만 따져가며 살아야 할 겁니다. 그게 더 피곤한 일입니다. 때로 남에게 나를 맡기고 기대는 연습도 해봐야 합니다.

마찬가지로, 공부를 잘하는 학생도 자기 역시 남에게 폐 끼치는 존재라는 걸 알아야 합니다. 여러분이 쉬는 시간에 저나 다른 선생님에게 문제집 들고 오죠? 저 그거 솔직히 귀찮습니다. 쉬는 시간은 교사인 저도 쉬는 시간입니다. 여러분 문제 더 봐준다고 제 월급 오르는 거 아닙니다. 그래도 제가 여러분을 돕고 있으니, 여러분도 다른 사람을 도우세요."

이쯤 말해 두면 학생들도 조별 활동을 할 때 서로 무시하거나 괴롭히지 않는다. 어차피 내가 강의식으로 가르치면 학생들은 죄다 잊어버린다. 반면 학생들이 서로 도와가며 배운 내용은 오래 간다. 교사의 말보다 친구의 말이 더 쉽고, 그래서 이해가 더 잘 되기 때문이다. 서로 도우며 배우는 과정이 학업의 과정이고 인성 교육의 과정이다. 나는 학교에서 인성 교육을 따로 강조하는 이유를 모르겠다.

당신은 어른들에게 무언가를 잘하라고 요구받을 때, '아, 나에게 더 열심히 하라는 긍정적인 말씀이구나, 힘내서 더 노력해야지'라고 생각하는가? 내가 이상한지 몰라도 난 그런 말을 들을 때마다 그 일을 하기가 더 싫어졌다. 그리고 이런 말을 들으면 더 하기가 싫어졌던 것 같다. "다 너 위해서 하는 말이야."

날 위한다는 사람들이 왜 나를 헤아리진 않을까. 생각보다 그런 비겁한 사람들이 많다. 자기 위하는 말을 왜 남을 위해서 한다고 거짓말을 할까. 적어도 진심으로 누군가를 위한다면, 그 말은 명령이 아니라 호소의 방식이 될 테고, 표현 방식이 저렇게 어설프진 않을 거라는 게 내 생각이다. 사람들이 말의 옳고 그름에 따라 움직이는 줄 아는가? 천만에, 사람들은 상대방의 말의 내용이 아니라 태도에 따라 움직인다. 사람들은 똑같은 말이라도 진심이 담겨 있는 호소에는 마음을 연다. 그러나 영혼은 1밀리그램도 담기지 않은, 그저 살살 달래는 말, 잘하라는 호된 질책이나 아첨은 귀신같이 알아차린다.

사람들을 보면 못하는 부분을 채우지 않으면 뭔가 모자란 것처럼 생각하는 경우가 꽤 많다. 하지만 그 부분은 성장 가능성으로 남겨두면 어떨까? 학생들은 성적표 점수가 골고루 높지 않으면 불안해 어쩔 줄을 모른다. 결코 점수가 높게 나온 과목에 만족하는 법이 없다. 가령 국어가 80점이어서 기뻐하는 게 아니라, 수학이 35점이라 슬프다는 생각부터 한다.

내 삶을 돌아보건대, 내가 수학을 잘해서 인생을 풍요롭게 살았던 것 같지는 않다. 반면 내가 수학 문제 푸는 법을 잊어버려서 인생이 나락으로 떨어진 것 같지도 않다. 나는 국어교사임에도 맞춤법도 자주 틀리고, 한자는 50자나 알까, 거의 아는 바 없지만 살면서 지장을 받아본 적은 없다. 모르면 나도 찾아보고 올바르게 가르쳐주면 된다. 진짜 나쁜 건 어설프게 알면서 내가 옳다고 우기는 태도다.

잘하라고 남에게 요구하지도 말고, 스스로 너무 잘 하려 애쓸 필요도 없다. 남에게 까다롭게 구는 사람을 좋아하는 사람은 없다. 그리고 그래야 할 이유도 없다. 그러거나 말거나 상대방은 수도 없이 실수하고, 그러면서 배울 것이기 때문이다.

살아간다는 건 무언가를 해내는 과정의 연속이다. 어차피 우리는 살면서 많은 도전을 해야만 할 것이다. 그러니 이번 한 번에 모든 걸 걸고, 이게 아니면 안 된다는 생각은 하지 않아야 지치지 않을 수 있다.

칭찬에 중독되지 않기

칭찬을 받으면 어떤 느낌이 드느냐고 학생들에게 물어본 적이 있다. 의외로 많은 학생들이 별로라고 한다. 왜냐고 물었더니 불안하기 때문이라고 한다. 나만 그런 게 아니구나 싶었다.

칭찬을 받을 때는 '잘했을 때' 다. 잘하지 못하면 못 받는다. 그래서 세상의 칭찬이란 결국 평가다. 평가 받는 걸 기분 좋게 생각하는 사람이 몇이나 되겠는가. 조건이 달린 칭찬, 능력에 대한 칭찬은 상대에겐 부담일 뿐이다.

가령 90점을 받아온 자녀에게 "어머, 90점을 받았네. 다음번에는 더 잘해야 한다." 같은 칭찬은, 차라리 안 하느니만 못하다. 그러한 칭찬을 듣는 순간 '90점 이하로 맞으면 난 가치가 없구나' 하는 생각이 반사적으로 들기 때문이다. 데일 카네기의 『인간 관계

190

론』에선 이런 식의 '아첨'과 '칭찬'은 구분되어야 한다고 하지만, 내 생각엔 굳이 복잡하게 구분할 필요가 있을까 싶다. 그냥 아첨이든 칭찬이든 하지도 않고, 듣지도 않으면 되는 문제라고 본다.

그래서 학생에겐 되도록 칭찬을 하지 않으려고 노력한다. 나는 칭찬이 가치가 있을 때는 상대의 존재나 노력에 대한 인정일 때라고 생각한다.

"이번에 열심히 공부하더라. 노력하는 모습이 보기 좋았어"

앞서의 칭찬 내용과 비교해 보자. 어느 쪽이 더 마음이 편한가? 이쪽이 더 편하지 않은가? 이 칭찬은 결과가 아닌, 과정에 대한 칭찬이기 때문이다.

그러나 이것도 여전히 부담스러울 수 있다. 사람이 매 순간 최선을 다한다는 게 어디 쉬운가. 위의 내용조차 '노력하지 않으면 너는 칭찬받을 가치가 없어'라는 의미가 담겨 있지 않은가. 바로 그렇기 때문에 나는 칭찬은 되도록 하지도 말고, 듣지도 말아야 한다고 생각하는 것이다.

이런 방식보다 더 좋은 방식이 있다. 고마움을 표현하는 것이다.

예를 들면,

> 수학 문제를 알려줘서 고마워
> 혼자 하기 힘들었는데, 도와줘서 고마워

와 같은 표현이다. 이런 표현은 '잘해야 한다'는 부담감과는 상관이 없는 내용이고, 남을 도울 수 있다는 '존재 가치'를 느끼게 해주는 말들이다. 그런 만큼 더 가치 있는 말이다. 수학 문제를 잘 가르쳐주었든 아니든 상관없다. 상대방의 노력에 대한 감사니까.

만약 내용을 조금 바꿔보면 어떨까? 예를 들어

> 수학 문제를 잘 가르쳐주다니, 넌 수학 잘해서 좋겠다. 부러워.

와 같은 표현은 친구에게 '다음에 수학 문제를 제대로 알려주지 못하면 어떡하지? 와 같은 생각을 품게 만든다. 또한 이런 평가는 칭찬하는 사람의 마음에 '수학을 못하는 나는 가치가 없다'는 생각이 깔려 있는 것이기도 하다. 이래서야 내 자신이 비굴해지기만 한다. 세상 모든 일을 다 잘해야 하는 것도 아닌데 말이다.

칭찬에서도 비난에서도 자유롭기 위해 노력하자. 그런 사람이야말로 자유롭고 당당한 사람이다. 다른 사람이 해주는 칭찬이 달다고 거기에 매달리지 말아야 한다. 그런 사람은 칭찬 한마디에 노예가 된다.

다른 사람이 나를 칭찬으로 조종하든, 비난으로 조종하든 상관없다. 다른 사람을 크게 불편하게 하는 게 아니라면, 내가 하고 싶지 않은 것은 하지 않으려는 연습이 필요하다. 한 번에 잘 되진 않을 것이고, 매번 그게 가능하진 않을 수도 있다. 그러니 항상 깨어 있으려고 노력해야 한다.

칭찬에 중독될 때의 가장 큰 문제점은, 남에게 휘둘리느라 자기 삶을 살 수가 없다는 점이다. 이 책을 보는 여러분도 언젠가 어른이 될 것이다. 나는 직장 생활을 하면서, 자기 부하 직원을 칭찬으로 조종하려는 상사를 몇 번이고 봐 왔다. 그리고 그것에 끌려다니는 부하 직원들이, 얼마나 많은 분노를 마음속에 쌓아두는지도 계속 봐 왔다. 진짜 문제가 무엇인지 아는가? 그런 부하 직원이 높은 자리에 올라가면 자신이 '배운 대로' 아랫사람에게 행하더라는 것이다.

그런 끔찍한 어른이 되느니, 차라리 지금부터 칭찬을 멀리하고 자신이 하는 일에 대한 '객관적 사실'에만 집중하면 어떨까. 예를 들면 이런 식이다. 5일 안에 끝내야 하는 공부를 3일 만에 끝냈다. 그렇다면 거기에 대해 '평소보다 많이 노력해서 좀 더 빨리 끝냈구나' 라는 정도만 생각하면 된다. '이걸 이렇게 빨리 해내다니, 역시 나는 대단해' 같은 생각은 필요 없다는 뜻이다. 반대로 5일 이내에 끝내지 못했다고 해서 '아, 기한을 넘기다니, 난 쓸모가 없어. 왜 이런 것도 못하는 거야? 라고 풀이 죽을 필요도 없다.

칭찬에 휘둘리는 것도 분노에 휘둘리는 것만큼이나 감정적으로 흔들리는 것이다. 자신이 하고자 하는 일에만 집중한다면, 남의 평가로부터 자유로울 수 있다.

도움받기

담임 교사에게 맡겨지는 행정 업무량은 그야말로 무시무시하다. 학급 관련해서 담임이 해야 할 일은 끝나는 법이 없다. 하지만 담임 교사도 학생 전담 보모는 아니며, 당연히 수업에 들어가야 한다. 하지만 자잘한 업무, 예를 들면 급식 희망자 조사, 가정환경 조사, 야간 자습 참여자 확인, 방과후 수업 참여 희망 조사 등등 확인하고 해야 할 것이 끝이 없다. 이 모든 일을 혼자서 해내는 동료 선생님들을 보면 대단하다는 생각이 든다. 하지만 이런 일을 꼭 혼자 해야

194

할까? 나는 일에 대해서는 학생들에게 다 맡기는 편이다. 내가 하는 것은 최종 확인 정도다.

모든 일을 자기가 하려고 하다 보면 전문성을 기르는 일은 불가능할 것이다. 내가 하는 일 중 가장 중요한 것은 수업이다. 자잘한 행정 업무를 처리하느라 수업의 질이 떨어진다면 그건 학생들에게 도움 되는 행동이 아니다. 학생들에게 미안한 마음이 들어서 내 일을 도와달라고 못 하는 것보단, 차라리 학생들에게 도와달라고 하고 나도 대가를 치르는 편이 낫다고 생각한다. 실제 내가 아는 선생님 중에는 학생들에게 일을 부탁하면, 반드시 최저시급 이상으로 비용을 지불한다는 분도 있다.

여럿이서 하면 더 빨리 끝낼 수 있는데 굳이 나 혼자 책임의식을 갖고 스트레스 받아야 할 이유가 도대체 무엇인가. 도움받을 수 있다면 기꺼이 받아라. 다만 도움받을 수 없는 상황이라면 그 상황을 담담히 받아들이고, 당신이 할 수 있는 만큼만 하면 된다.

나는 빨래를 일주일에 한 번만 한다. 도무지 할 엄두가 나지 않기 때문이다. 매주 있는 연구회 모임, 야자 감독을 하고 글을 쓰면 집에 11시 이전에 들어가는 날이 거의 없다. 설령 빨래를 돌리려 해도, 밤늦게 세탁기를 돌린다는 건 민폐인 것 같아서 그냥 토요일 아침에 한꺼번에 돌린다. 빨래만 해도 이 정도인데 와이셔츠 다림질까지 한다는 건 말이 안 되는 일이다. 그래서 모조리 세탁소 배달 서비스를 이용한다.

이동을 할 때에도 마찬가지다. 나는 택시를 즐겨 타는데, 그 이유는 시간을 아끼기 위해서다. 시간을 아끼는 대신 내 일을 하는데 더 많은 시간을 쓰겠다고 생각하고, 실제로 그렇게 하도록 노력하고 있다. 그 시간을 아껴서 업무를 보거나 글을 쓰는 것이다. 걸어갈 때에는 운동을 하고 싶다는 기분이 들 때다. 그럴 기분도 들지 않는데 억지로 걸어 다니고 싶은 생각은 없다. 내 기분과 상관없이 행동해서 얻게 되는 것은 스트레스뿐 아닌가. 만성 피로와 짜증을 달고 다니고 싶지 않다면, 당신이 할 수 있는 작은 사치를 부려보는 것도 필요하다.

내가 사는 곳은 시골이라 가사도우미를 구하기 힘들다. 그래서 아직 구하진 못했지만, 구할 수만 있다면 집안 청소도 맡기고 싶을 정도다. 그래야 하고 싶은 일을 할 시간을 더 벌 수 있기 때문이다. 집에 안 들어오고 밖에서 하루 종일 내 일을 한 다음, 내가 손도 대지 않았는데 마법처럼 깨끗하게 정리된 곳에서 기분 좋게 잠들 수 있다면 그건 그것대로 좋은 일 아닐까? 집안일을 해본 학생이라면 방청소가 어떤 의미로 다가오는지, 내 말이 무슨 뜻인지 알 것이다.

요컨대 시간이 돈보다 귀하다는 생각이 분명해야 한다. 그래야 돈을 쓰게 된다. 그리고 그런 행동을 반복해야 실제 여유도 생긴다. 돈이 낭비되는 것 아니냐고? 주머니가 가벼워지면 그 주머니를 채우고 싶어서라도 당신이 하는 일에 저절로 몰두하게 된다. 그래야 당신이 발전한다. 그리고 그렇게 해야 당신이 더 많은 돈을 벌 가능성이 커진다. 게다가 그 돈은 나를 돕는 사람들에게 대가가 되어 돌아가는 돈이다. 당신이 투자하는 돈은 누군가에게는 도움이 된다는 뜻이다.

중요한 건 당신이 비용을 지불해서라도 다른 사람에게 도움을 받아야 한다는 뜻이다. 그리고 당신은 자신이 잘할 수 있는 일에 집중하면 된다. 나도 당신도, 피와 살과 뼈로 만들어진 인간이다. 따라서 우리가 모든 일을 잘하는 슈퍼맨이 될 수는 없다. 그리고 무엇보다 그럴 필요도 없다. 게다가 내가 못해 남에게 맡기면, 상대는 귀찮아하면서도 뿌듯해한다. 남에게 무언가를 맡기는 것 자체가 그 사람의 가치를 인정하는 것이기 때문이다. 내가 학생들에게 자꾸 일을 부탁하면 학생들도 일 처리 요령을 익히게 되지 않을까?

현재 당신이 해야 할 일은 무엇인가? 그게 무엇이든 자꾸 나누고, 쪼개고, 다른 사람에게 부탁할 수 있으면 부탁하는 편이 좋다.

나는 학교 다닐 때 음악, 미술, 체육을 비롯한 전과목의 자습서와 문제집을 사서 풀었는데, 그보다 더 좋은 건 내가 직접 교과서를 보고 문제를 만드는 것임을 알게 되었다. 그렇게 공부하면 교과서를 샅샅이 살펴보지 않을 수 없기 때문이었다. 몇몇 선생님들이 100점은 허용하지 않겠다며 어디 알 수도 없는 구석에서, 별 중요해 보이지도 않는 문제를 내는 경우에도 나는 맞췄다.

하지만 전과목의 교과서 내용을 문제로 만든다는 건 역시나 쉬운 일이 아니었다. 그래서 시험 때마다 늘 죽을 듯이 힘들었던 기억이 난다. 내가 교사가 된 이후에 학생들에게 가르쳐 준 공부 방법은, 학생들이 분담해서 과목별로 문제를 만드는 것이다. 그리고 그 내용을 복사해서 서로 돌려보는 것이다. 이렇게 하면 혼자서 전과목을 정리하지 않아도 된다. 하지만 이것은 역시나 상호간 신뢰가 없으면 안 되는 방법이다. 학생에게 이 방법을 알려줘도 잘 사용하지 않는 경우가 많은 것도 그 때문이다. 하지만 어차피 혼자서 다 하지 못하는 게 현실이고 그래서 포기하는 과목도 나오고 시험 평균이 떨어질 거라면, 그냥 맘 편히 믿고 각자 할 수 있는 만큼 노력하면 되지 않을까? 그러면 노력은 덜하고도 점수는 비슷하거나 더 높이 나올지도 모르니까 말이다.

각자 자기가 할 수 있는 일에 집중해서 노력하자. 눈앞에 보이는

'모든' 일이 아니라, 자기가 더 잘할 수 있거나 꼭 하고 싶은 일부
터 해치우자. 그래야 불필요한 감정 소모, 시간 낭비가 줄어든다.
당신이 원하는 일을 함으로써 자유롭고 행복한 상태에 도달하려
면, 당신 발목을 붙잡는 거추장스러운 일들은 당연히 없애야 한다.
내가 화장실 청소에 매달리면, 글을 쓸 시간은 줄어들지 않을까?
당신도 자기 할 일을 할 시간은 반드시 확보해야 한다는 의식을 지
녀야 한다.

4장

자유로운 삶을 선택했던 사람들

1.
파격(破格)이
격(格)을 이긴다
_서태지

어느 날 갑자기 자고 일어났더니 당신이 벌레가 되어 있다면? 황당하지만 이런 내용을 담은 소설이 있다. 바로 프란츠 카프카의 『변신』이다. 소설 속 주인공은 자고 일어나자 자신이 벌레가 되었음을 깨닫는다. 자신이 왜 벌레가 되었는지, 그 과정에 대해서는 구구절절 설명도 없다. 그가 벌레가 되자 가족들은 그를 두려워하고, 심지어 버리고 싶어 한다. 나와 다른 모습, 다른 행동에 가족조차 무너지는 것이다. 사람들이 기존의 것에 얼마나 익숙한지, 또 새로운 것을 받아들이기 얼마나 힘든지 보여주는 예다. 카프카의 『변신』은 환상적인 내용을 담고 있지만, 단지 그 때문에 유명해진 작품이 아니다. 그보다는 인간성이란 어떠한 것인지 밑바닥까지 보여준다는 점에서 가치 있는 작품이다. 의도하든 의도하지 않았든

'변신'을 함으로써 기존의 상식과 공동체 가치를 파괴할 것 같은 사람은 다수의 적이 된다. 그리고 이 '적'은 싸워서 살아남거나, 도망치거나, 아니면 굴복하지 않을 수 없다. 남과 다른 길을 걷기에 그 자체로 다른 사람의 공격을 받는 경우다.

그런 사람은 사람 사는 세상 속에 숱하게 많지만, 여기서 다룰 서태지 또한 그런 사람이다. 『변신』의 주인공 그레고르 삼사가 벌레 취급을 받았다면, 서태지는 악마 취급을 받았다. 나중에 다시 이야기하겠지만 그가 하는 주장과 음악은 어떤 식으로든 악마와의 연관이 있는 것으로 이야기되곤 했다. 기존의 것들을 그대로 인정하는 것이 아니라, 단지 기존 사회에 의문을 표하고 저항을 했다는 이유만으로. 도대체 서태지가 누구였길래, 그의 음악에 무엇이 담겼기에 그랬을까? 이제부터 그 이야기를 해보려고 한다.

기존 질서에 반기를 들다

이동연의 『서태지는 우리에게 무엇이었나』를 읽다 보면 서태지가 처음 등장한 것은 92년 봄, MBC방송사의 〈특종 TV연예〉라는 프로그램이었다고 한다. 필자는 진행자인 임백천의 비장어린 소개를 듣고 그들의 노래와 춤을 처음 보았다고 하는데, TV프로그램을

204

통해 처음 서태지를 마주할 때의 놀라움을 필자는 다음과 같이 이야기했다.

> …(전략) 기존에 우리 가요에서 전혀 볼 수 없었던 새로운 음악과 춤을 시도하는 충격적인 그룹이라고 소개하는 임백천의 목소리에 나는 〈소방차〉를 떠올리며 또 하나의 댄스 그룹이 탄생했구나 하는 약간의 기대가 꺾이는 푸념을 머리 속에서 되뇌이었다.
>
> 그런데 그 다음 "자 그룹 〈서태지와 아이들〉을 소개합니다"라는 임백천의 멘트를 듣고 나는 놀라지 않을 수 없었다. '서·태·지', 내가 알기로 그는 그 전 해에 해체된 록 그룹 〈시나위〉의 '베이스 연주자'였기 때문이다.
>
> ─이동연, 『서태지는 우리에게 무엇이었나』

이동연의 말대로 서태지는 본디 락 음악을 하던 사람이다. 이전까지 없었던 새로운 댄스 음악을 선보이는 것도 놀라운데, 락 가수가 댄스 가수가 된다는 건 더한 충격이었다. 이동연의 표현을 빌리자면 '〈시나위〉시절 치렁치렁한 머리에 도전적인 눈빛은 어디가고 짧게 자른 머리에, 펑퍼짐한 바지, 그리고 아주 앳되 보이는 표정'으로 나타난 것이다.

그러나 음악의 장르가 바뀌었을 뿐, 락 음악에 담겨 있던 서태지의 정신은 변하지 않았다. 음악 속에 녹아 있는 그의 기존 질서에 대한 도전 의식, 새로운 것에 대한 열정은 그대로였기 때문이다. 락의 정신과 춤과 노래가 새로이 만난 것은 진정으로 새로운 변화였다. 그가 당시의 대중음악의 개념을 뒤엎을 수 있었던 까닭이기도 하다. 서태지 음악의 도전 정신은 파격적인 가사의 내용에도 있지만, 다양한 장르를 결합하는 새로운 시도에서 나타나기도 한다. 앞서 말한 대로 랩과 락을 결합하려는 시도가 그러하다. 1집 보다 완성도 높은 2집에서 특히 이런 모습을 살펴볼 수 있는데, 이런 실험 정신은 기존에는 찾기 어려웠던 대담한 것이었다.

3집은 이에서 한 발 더 나아간다. 3집에서 담고 있는 내용은 실험정신과 비판정신은 특히 격렬한 반응을 불러 일으켰는데, 거기 담긴 사회비판은 기존 제도권의 사람들에게 매우 위험한 무언가로 다가왔다. 특히 3집의 〈교실이데아〉는 교육계와 종교계의 집중포화를 맞았다.

'됐어 (됐어)/ 됐어 (됐어)/ 이제 그런 가르침은 됐어' 로 시작하는 이 노래의 가사는 지금 들어도 불편한 구석이 있다. 하지만 동시에 이 불편함이야말로 우리가 진지하게 고민해야 하는 불편함이기도 하다. 왜냐하면 노래가 오늘날 나왔다고 해도 믿어질 만큼, 우리의 현실의 변화는 더디기만 할 뿐이기 때문이다.

좀 더 비싼 너로 만들어주겠어/ 네 옆에 앉아 있는 그 애보다 더/ 하나씩 머리를 밟고 올라서도록 해/ 좀 더 잘난 네가 될 수 있어

이런 가사는 현실을 거짓 없이 그대로 비춰줄 뿐인데도 기성세대는 모욕으로 받아들였다. 그리고 성난 그들은 〈교실이데아〉에 방송부적격 처분을 내린다. 그러나 그럴듯한 아름답고 서정적인 멜로디와 가사가 아니면 안 된다는 이런 식의 평가는 더 큰 반발만 불러일으켰다. 그래서 4집의 내용은 더욱 과격하다. 〈필승〉, 〈1996, 그들이 지구를 지배했을 때〉, 〈Come Back Home〉과 같은 노래는 한결 더 치열한 현실비판의 내용을 담고 있다. 그리고 그것은 검열과 삭제라는 악순환의 형태로 나타난다. 그 결과 4집 노래는 일부가 지워진 채 음반에 실린다.

자유를 선택하다

그는 서울의 재동초등학교를 다녔고, 대동중학교를 다녔으며, 서울북공업고등학교를 중퇴하였다. 음악은 중학교 재학 시절부터 〈하늘벽〉이라는 그룹을 만들어 활동할 만큼 관심 있는 분야였다. 하지만 고등학교에 들어오면서 〈하늘벽〉은 자연스레 해체된다. 고

등학교에서는 음악을 친구들과 어울려 하는 수준이었지만 전문적
으로 하고 싶다는 생각이 강해진다. 그러다 보니 학교생활을 하면
서 음악을 할 수는 없을 것 같아 고민이 되었다고 한다. 그래서 결
국 자퇴하게 되는데 그가 자퇴한 이유는 그것만은 아니었던 것으
로 보인다.

> …(전략) 처음엔 공부도 하고 음악도 하려고 했는데, 중학교 시
> 절과는 달리 공부할 양이 너무 많았어요. 만약에 학교에서 그런
> 부담이 많지 않았고 제가 음악하는 것을 삐딱하게 보지 않았더라
> 면 조금 다녔을지도 몰랐을 텐데…. 그때는 하여간 음악을 하느냐
> 죽느냐 양단간에 결판을 봐야 할 때여서, 상당히 비장했죠.
>
> —이동연, 『서태지는 우리에게 무엇이었나』

당시 그가 겪은 학교는 그의 길을 인정해주지 않았음을 알 수 있
다. 사람은 너무 많은 것을 요구받으면 아무것도 못한다. 이를 해결
하기 위해서는 그가 꼭 하고자 하는 것에 집중하는 방법이 당연한
선택이었을 것이다. 현재의 확신이 없다는 이유로 너무 많은 대비
책을 만들다 보면 정작 아무 일도 못하게 되는 경우가 있는데, 그런
점에서 서태지가 음악을 선택한 일은 결과적으로 옳은 선택이었음
을 보여준다. 물론 누구나 자신이 원하는 바를 위해 학교를 그만두
는 일이 쉬운 일은 아니다. 하지만 자신이 원하는 일을 하기 위해

어떤 각오와 결단이 필요한지 생각해 볼 대목이기도 하다.

그가 학교를 그만두고 들어간 그룹은 〈활화산〉이었다. 하지만 이 밴드는 금방 해체되고, 그는 여기저기를 다니며 연주한다. 그 와중에 그는 평소 존경해 마지않던 신대철에게 스카우트되어 〈시나위〉에서 베이시스트 자리를 맡는다. 이때 그는 얼마나 기뻤던지, '돈은 필요 없으니 같이 음악만 할 수 있게 해 달라'고 말했다 한다. 하지만 콘서트 준비를 하던 중 사기를 당하는 불운을 겪고, 멤버 간의 음악에 대한 견해 차이로 시나위 역시 해체되는 비운을 겪는다.

시나위의 해체는 서태지에게도 힘든 일이었다. 무엇보다 록 음악을 계속하려 했지만 뜻이 맞는 사람을 찾을 수가 없었다. 한국이 좁아서 그런가 싶어 시야를 넓히기 위해 일본어까지 공부했다고 하니, 그가 음악을 위해 얼마나 노력했는지 알 수 있다. 그러다가 평소 좋아하던 댄스 음악에 더욱 깊이 빠지게 되는데, 이는 그가 컴퓨터로 힙합이나 랩을 만드는 일에 재미를 붙였기 때문이기도 했다. 그는 이를 토대로 〈난 알아요〉를 만들고 댄스 가수로 변신한다. 이때 데뷔 앨범으로 판매한 음반수가 170만 장이었다고 하는데 역대 데뷔 앨범으론 가장 많은 숫자였다.

앞에서도 말했지만 그가 발표하는 곡마다 기존 사회의 질서를 뒤흔드는 일이 반복되곤 했다. 그러다 보니 분출구를 찾고 있던 당시의 젊은 세대에겐 열광을 불러일으켰지만, 동시에 기성세대의 반발에 부딪치기도 했다. 〈교실 이데아〉를 포함하여 3집 이후 그의 노래에 대한 반감은 커져만 갔다. 그래서 사실이 아닌 내용으로 공격을 받곤 했는데, 그 대표적인 것이 '백마스킹(Backmasking)' 사건이다. 백마스킹이란 노래를 거꾸로 들었을 때 의미 있는 노래 가사가 들리도록 의도적으로 해당 부분을 거꾸로 녹음하는 것을 말한다.

하지만 창작자가 의도하지 않았는데 듣는 사람의 주관에 따라 백마스킹이라고 주장하는 사람들이 나타나기도 한다. 서태지의 경우 〈교실 이데아〉를 거꾸로 들으면 '피가 모자라'라는 악마적 메시지가 들린다는 이야기에 계속 시달려야 했다. 서태지는 순식간에 사탄 숭배자가 되었으며, 이외에도 남장여자라는 이야기가 돌기 시작하고, 더 나아가 임신설까지 나타나기에 이른다. 지금이야 웃어넘길 수 있는 내용이지만 당시에는 매우 심각한 일이어서 사회적으로 크게 다루어진 문제였다.

이런 소동이 일어난 이유로는 두 가지가 이야기되는데, 첫째는 당시의 혼란한 사회 상황이고 두 번째는 보수 집단의 의도적 공격이다. 서태지의 인터뷰 내용을 살펴보면 그 역시 두 번째를 의심하고 있음을 알 수 있다. 이 때문에 3집 활동 기간은 매우 짧아졌으며, 이러한 사회적 폭력에는 대중 스타라도 버티기 어려웠음을 알 수 있다. 이런 전체주의적 엄숙주의, 검열주의는 개인의 자유를 위축시킬 수밖에 없다.

특히 문화에 대한 폭력은 가장 야만적인 수준의 폭력이라 할 수 있다. 왜냐하면 문화 자체가 인간의 감정인 희로애락을 표현하는 것이기 때문이다. 다른 사람의 감정까지 지배하여 기쁨이나 슬픔을 조정하려 하는 것은 온당한 것이 아니다. 인간 정신의 자유를 가장 폭넓게 인정해야 하는 분야에까지 검열이 들어오면 인간성 자체가 말살되는 결과가 나타나기 때문이다.

백마스킹 사건은 3집뿐만 아니라 4집에서도 제기되지만, 4집 때는 사람들이 크게 관심을 갖는 분위기까진 아니었다. 참고로 백마스킹은 서태지뿐만 아니라 그 후에도 다른 가수들, 가령 에픽하이나 소녀시대, 티아라, 싸이 등도 의심받은 적이 있다. 단순한 재미나 장난을 넘어 악마의 메시지가 들린다는 등의 이야기가 반복된다면 그 의도성을 의심받을 수밖에 없는 일이다.

화려한 퇴장, 빛나는 의미

1996년 1월 31일, 서태지는 은퇴를 선언한다. 일부 팬들은 서태지의 앨범 중 이별의 느낌을 주는 노래들을 통해 그의 활동이 끝날 것이라고 예측했다. 하지만 대다수의 팬들은 그렇게 생각하지 않았다. 많은 이들이 그의 음악 내용과 그의 활동을 분리하고 싶어 했고 그래서 그가 은퇴선언을 하자 모두 큰 충격에 휩싸였다. 그가 밝힌 은퇴 이유는 음악을 만드는 창작의 어려움이었다. 그가 서태지와 아이들로 음악 활동을 시작한지 4년 만이었다. 그 후에도 그는 이따금 얼굴을 드러내긴 했지만, 앨범을 새로 내는 활동 외에 방송에는 거의 출연하지 않는다.

음악에 전념하기로 결심하고 고등학교를 자퇴한 이후, 그는 늘 자신이 살고자 하는 방향으로 살기 위해 노력했다. 삶을 살아가는 방식은 여러 가지가 있겠지만 그는 자신이 선택한 것에 온 힘을 다하는 가장 성공 확률이 높은, 그러나 대개는 하지 못하는 방식을 택했다. 그리고 대중의 환호에 상관없이 자신이 하고 싶은 음악을 만들었으며 수많은 음해성 공격으로 인해 등 돌린 팬들이 그를 공격

할 때에도 꿋꿋하게 자신의 길을 걸었다. 또 그와는 반대로 가장 화려할 때 주저 없이 자신의 판단대로 은퇴를 결심했고 그럼에도 자신의 음악적 열정을 간직한 채 지속적으로 앨범을 내기도 했다.

나는 한국의 수많은 문화인이나 예술인 중에 그보다 더 자유로운 존재를 본 적이 없다. 그의 말에 따르면 그는 상업적 인기를 노리고 음악을 해본 적이 없다. 도리어 자신이 원하는 음악을 했는데 운이 좋아 인기가 있었던 것뿐이라고 말한다. 하지만 그의 음악에 대한 완벽주의는 소문나 있는 수준이다. 그리고 그러한 태도는 콘서트를 개최할 때에도 마찬가지였다. 그는 자신이 원하는 수준의 콘서트를 여느라 막대한 비용을 쏟아부었고, 그래서 공연비를 번 것이 아니라 도리어 적자를 볼 때도 있었다.

가진 것을 다 내던지고 자신의 길을 걷는다는 것, 물론 쉬운 일이 아니다. 그런 것이 가능하려면 실패해도 언제든 원래 위치로 돌아올 수 있는 패자 부활이 가능한 사회가 아니면 어려울 것이다. 더 많이 실패해도 그것이 '탈락'이 아니라 '경험'을 의미할 수 있는 사회를 만드는 것. 우리가 고민하고 지향해야 하는 사회는 바로 그런 사회다.

그러나 그런 사회가 오지 않았다고 해서 당장의 모든 기회, 모든 가능성을 접고 아무 시도도 하지 않을 수도 없지 않을까. 어쩌면 우리에게 필요한 건, 재능 이전에 용기인지도 모른다. 내가 서태지를 소개한 이유는 그가 음악적 성취에 있어 최고 수준에 도달했기 때문이 아니다. 그가 지닌 용기와 결단력을 보여주고 싶었기 때문이다.

당신은 어떤가? 어떤 모습으로 살고 싶은가? 당신이 살고자 하는 모습이 어떤지 곰곰이 생각해 보라. 자신이 원하는 삶의 모습을 누리기 위해, 무엇을 원하는 사람인지 깨달아야 한다는 점을 알고 있다면 말이다. 세상이 당신에게 하는 말이 무엇인지 듣기 전에, 당신이 원하는 것을 먼저 생각해야 한다.

2.
자유로운 죽음을 택했던 철학하는 인간
_소크라테스

남에게 원칙을 이야기하면서 자기 자신은 예외로 삼는 사람에게도 인간적 울림이 있을까? 그렇지는 않을 것이다. 그러나 한편으로 우리는 말과 행동을 일치시키는 일이 얼마나 어려운지 안다. 살다 보면 사소한 것 같지만 쉽지 않은 것들이 얼마나 많은가. 가령 우리는 때때로 거짓말들을 늘어놓고, 남에게 이유 없이 무례하게 굴며, 자신의 말을 정당화하기 위해 온갖 대의명분을 가져다 쓴다. 그것이 올바르지 않다는 사실을 알면서도 말이다. 소크라테스가 위대한 까닭은 그 때문이다. 소크라테스만큼 말과 행동이 일치한 인물을 찾기 어렵기 때문이다.

명예와 부를 동시에 추구하는 사람은 대개 위선적이다. 예를 들어 어느 종교든 사제 계급이 존경받는 이유는 그들이 보통 사람들이 원하는 욕망을 포기하고 보다 높은 이상을 추구하는 삶을 선택했기 때문이다. 그런데 바로 그런 그들이 세상의 존경에 더하여 부까지 욕심내면, 일반인보다 두 배의 비난을 받게 된다. 반면 부를 추구하는 사업가들은 실제 부를 얻지만, 이들이 명예까지 요구하면 반드시 정치판에 나가게 되며, 그들 역시 세상으로부터 비난받는 처지에 이른다. 이처럼 명예와 부를 동시에 추구하는 건 불가능에 가깝다. 바로 이런 점에서 소크라테스의 태도는 일관된다. 항상 진리를 추구하기에 가난함을 태연하게 인정해버리는 것이다. 다시 말해 그는 명예와 부를 동시에 추구하는 인물이 아니었다. 그러니 그가 가난하게 살았던 것도 당연하다.

소크라테스에 대한 기록 중 가장 신뢰할 만한 기록은 플라톤과 크세노폰의 기록이다. 두 사람에 따르면 소크라테스는 정직하고 신뢰할 수 있으며, 자제력이 있으면서도 용감한 사람이라고 했다. 먼저 그의 자제력을 살펴보자. 소크라테스는 분명 소피스트가 아니다. 만약 소크라테스가 소피스트로 전직했다면 일류급 강사가되었음이 틀림없다. 실제 소피스트 중 당대 최고라는 프로타고라

스와의 논쟁을 통해 자신의 실력을 증명한 적도 있다. 뒤에 다시 이야기하겠지만, 당시 아폴론 신전의 무녀(당시에는 '피티아'라고 불렀다)는 "소크라테스가 세상에서 제일가는 현자"라고 말했다 한다. 이는 그가 당시에 이미 지적으로 뛰어나다고 알려진 유명 인사였음을 의미한다. 따라서 돈을 벌기로 결심했다면 얼마든지 '전업 강사'가 될 수 있었을 것이다. 그럼에도 불구하고 그는 그러한 방식에 무관심했다. 도리어 평생 절제하며 살던 소크라테스다. 이는 소크라테스의 제자였던 알키비아데스의 증언을 통해 확인할 수 있다.

"소크라테스 선생님과 나는 포티다이아로 출정해 같이 지내고 있었네. 그런데 고통을 참는 데 있어 이분만큼 강한 사람은 없었지. 식량 보급이 끊겼을 때도 이분은 누구보다 잘 견디셨지. 하지만 식량이 나올 때면 이분은 누구보다 식사를 즐겼다네. 또 애주가는 아니었지만 마셔야만 할 때는 누구도 이분을 당해낼 수 없었지. 더 놀라운 사실은 누구도 이분이 술에 취한 모습을 본 적이 없다는 거네. 소크라테스 선생님은 지독한 추위도 무척 잘 참으셨어. 한번은 외출하기도 힘들 만큼 몹시 추운 날이었네. 다른 사람들이 두꺼운 옷을 겹겹이 입고 신발 위에 융단이나 양털 발감개를 할 때 이분만은 평상시처럼 가벼운 웃옷을 입고 얼음 위를 맨발로, 신발 신은 것보다 훨씬 태연하게 걸었다네. 병사들은 열등감을 느껴 이분을 흘겨봤지."

—황광우, 『사랑하라』(생각정원)

같은 책에는 다음과 같은 내용도 있다.

소크라테스는 인간의 필요를 최소화하는 곳에 행복의 비결이 있음을 간파한 현자였다. 사람들은 먹기 위해 살아가지만 소크라테스는 살기 위해 먹는 사람이었다. 소크라테스는 자신의 후원자이자 대부호인 크리톤의 아들 크리토불로스의 교육을 전담했던 모양이다. 크리토불로스와 나눈 이야기를 들어보자.

소크라테스가 말했다.
"나는 더 이상의 돈이 필요 없어. 이대로 충분하지. 크리토불로스, 그런데 너는 참 가난해 보이는구나. 정말 불쌍해."
그러자 크리토불로스가 어이없어 물었다.
"선생님의 재산을 팔면 몇 푼이나 된다고요?"
소크라테스가 대답했다.
"좋은 구매자를 만나면 5므나 정도 받을 거야. 물론 너의 재산은 나보다 100배 많겠지."
"그렇게 잘 알고 계시면서도 제가 가난하다고요?"
소크라테스가 대답했다.

"암, 그렇지, 크리토불로스. 왜냐하면 나의 재산은 나의 필요를 충족시켜 주기에 충분하지만 너의 재산은 너의 명성을 유지시켜주는 데 충분하지 않잖아."

위 기록을 보면 또 하나의 사실을 알 수 있다. 소크라테스는 혼자 숨어 살던 타입의 사람이 아니었다는 점이다. 그는 누구 하고나 잘 어울렸고, 돈을 경멸했다기보단 절제했다고 보는 편이 맞을 것 같다. 그 이유는 돈에 얽매이는 순간 자유로움을 잃어버리기 때문이 아니었나 싶다. 대개의 사람들은 더 많이 갖기 위해 발버둥 친다. 그러나 그건 쉽지 않은 일이어서 이내 괴로움에 빠져 든다. 하지만 소크라테스는 반대의 방법을 택했다. 더 많이 갖는 게 아니라 욕망을 줄임으로써 자신의 행복을 더 크게 만든 것이다. 이는 마지막 문장, '나의 재산은 나의 필요를 충족시켜 준다'는 말에서 확인할 수 있다. 필요성만 충족되면 재산 따위 굳이 늘릴 필요도 없으니까 말이다.

약점을 신경 쓰는 사람만큼 살기 어려운 사람도 없다. 그런 사람이 삶에 휘둘리지 않는 가장 좋은 방법이 뭘까? 약점을 그대로 인정하고 받아들이는 것이다. 그건 어떤 의미에서 자신의 약점을 초월하는 일이기도 하다. 실제 소크라테스에게는 못생긴 용모도, 돈의 부족함도 문제 되지 않았다. 자유롭게 살기 위해서는 거추장스러운 것들로부터 멀찌감치 떨어져 있는 편이 제일이다.

진정한 용기란 무엇인가

또한 소크라테스는 용기 있는 사내이기도 했다. 대개의 사람들은 소크라테스를 철학자로만 알지, 그가 뛰어난 군인이기도 했다는 사실은 잘 모른다. 플라톤의 『향연』을 살펴보면 알키비아데스는 소크라테스를 찬양하는 대목이 나오는데, 그 이유로 그가 자신을 포티다이아 전쟁에서 구해주었기 때문이라고 한다. 그래서 자신은 나중에 지휘관들에게 표창을 건의했으나 도리어 지휘관들은 귀족인 자신에게 표창을 주었다는 것이다. 그런데 소크라테스는 한술 더 뜬다. 그 지휘관들보다 더 열심히 표창을 알키비아데스에게 주어야 한다고 말한 사람이 다름 아닌 소크라테스였던 것이다.

우리 모두 잘 알다시피, 훗날 소크라테스는 고발당해 법정에 선다. 소크라테스가 고발당한 죄목 중 하나가 국가의 전통 신들을 인정하지 않았다는 것인데, 이것은 당시로서는 조국 아테네를 부정했다는 이야기나 마찬가지였다. 이에 대해 소크라테스는 앞서 말한 포티다이아 전투를 포함하여 자신이 국가를 위해 세 번의 전투에서 당당히 싸웠음을 밝힌다. 그런데 잠깐 오늘날의 우리 현실을 살펴보자. 사회 지도층에 속하는 인물들은 온갖 대의명분은 죄다 가져다 쓴다. 그리고 그 대의명분은 대개 애국이니, 조국애니 하는 것이다. 하지만 그러한 가치를 행한 사람이 얼마나 되는가는, 헤아릴 필요조차 없을 정도로 미미한 수준 아닐까?

많은 사람들이 정의에 대해 이야기하지만 그건 그만큼 우리 사회가 정의롭지 못함을 뜻한다. 당시의 아테네도 마찬가지였다. 그 시대의 권력자들도 민주정을 지켜야 한다고 말했고 아테네를 사랑한다고도 말했다. 하지만 실제로는 자신을 기분 상하게 하고 아무 데서나 말 걸기 좋아하는 칠십 먹은 노인을 법정으로 끌어내야 만족할 정도의 수준에 불과했다. 그들은 실제로는 표현의 자유도 인정하지 않는 자들이었다. 바로 그런 자들을 대상으로 내가 죽더라도 올바름이 무엇인지 가르치겠다는 태도, 나의 주의주장은 굽힐 수 없다는 태도는 무엇이 용기인지 분명히 보여주는 예다.

소크라테스가 고발을 당한 것은 기원전 399년이다. 이때 소크라테스를 고발한 사람은 멜레토스라는 한 젊은이였다. 그리고 그 뒤에는 아니토스와 리콘이 있었다. 그들의 고발 이유는 앞서의 이유와 함께 아테네의 젊은이들을 타락시킨다는 것이었다.

아테네는 직접 민주주의를 실천한 나라다. 그래서 소크라테스의 재판에 참여한 재판관만 해도 500명이었다. 이 500명 앞에서 소크라테스는 자신을 기소한 사람들로부터 스스로를 보호해야 했다. 오늘날에도 법정에 선 피고들은 자신은 충분히 반성하고 있으며, 피해자의 피해 회복을 위해 노력하겠다고 이야기하곤 한다. 당연하다. 사람은 감정의 동물이다. 눈물과 호소가 있으면 형은 가벼워질 수 있다. 소크라테스라고 그걸 몰랐을 리 없다. 그래서 재판에 참여한 모두가 소크라테스도 인정에 기대고 사회와 적당히 타협하는 길을 찾을 거라 믿었다. 실제 법정에선 그러한 제안도 나왔다. 그들이 소크라테스에게 요구한 것은 단 한 가지, 다른 사람을 가르치는 일을 그만두라는 거였다. 만약 그들의 요구대로만 한다면 소크라테스는 살 수 있었을 것이다.

하지만 70세의 노인은 콧방귀만 뀔 뿐이다. 그동안 믿고 있던 가치와 토론할 자유를 모두 내던지고 입을 다문 채 남은 생을 살기로 결정하는 대신, 자신이 믿는 바를 그대로 지키되 목숨을 버리는 길을 택한 것이다. 어쩌면 재판관들은 당황했을지도 모른다. 그들은 소크라테스의 목숨을 탐낸 것이 아니었다. 그들이 내심 바란 것은 어수룩한 척하며 자신들을 놀리는 듯한 소크라테스가 입을 다물어주는 일이었기 때문이다. 그래서 그가 목숨을 버리지는 않을 것이고, 스스로 추방형을 택할 것이므로 그의 죽음이 실현되진 않을 거라고 더욱 믿었다. 그러나 소크라테스는 그렇게 하지 않았다.

법정에선 치열한 공격과 변론이 오갔다. 그리고 그 과정을 통해 소크라테스가 얻은 것은 사형 판결이었다. 심지어 소크라테스는 일부러 유죄 판결을 끌어낸 느낌이다. 소크라테스의 재판은 두 번으로 이루어졌다. 첫 번째 재판은 소크라테스가 유죄인지 아닌지를 가리는 재판이었고, 두 번째 재판은 유죄가 결정된 그의 형량을 정하는 재판이었다. 첫 번째 재판의 결과는 유죄 280 대 무죄 220이었다. 이는 만약 무죄 쪽에 30표만 더 있었다면 소크라테스는 무죄방면되었을 거라는 뜻이다. 그런데 문제는 두 번째 재판이었다. 형량을 정하는 두 번째 재판에선 360 대 140으로 사형이 구형되었다. 이는 1차 재판에 비해 두 번째 판결에서 소크라테스를 벌주고 싶어 한 사람이 80명이 늘었다는 의미였다.

왜 이런 결과가 나왔을까? 소크라테스가 자신의 고집을 꺾지 않아 재판관들을 화나게 만들었기 때문이다. 소크라테스가 그들을 어떻게 화나게 했는가를 상세히 기록해 놓은 책이 바로 『소크라테스의 변론』이다. 그리고 이 내용을 이해해야만 소크라테스의 생각을 이해할 수 있다.

소크라테스는 재판장에 들어서자마자 그야말로 이 사람이 과연 고발당한 사람인가 싶을 만큼 당당하다. 그리고 그가 변론을 시작하기 전에 하는 말이란 것이 나는 법정 용어와는 상관없이 내 방식대로 말을 할 테니까, 알아서 걸러 들으라는 내용이다. 더구나 내 말버릇이나 태도에 신경 쓰지 말고, 말의 내용에만 집중해야 좋은 재판관이라며 대뜸 설교부터 한다. 이쯤 되면 누가 누구를 재판하는 것인지 알 수 없다. 시작부터 재판관들은 당장 기분이 불편했을 것이다. 한술 더 떠 소크라테스는 불경죄인지 아닌지 알기 힘든 아슬아슬한 발언으로 변론을 시작한다.

"어느 날 내 친구 카이레폰이 아폴론 신전에 저에 관한 신탁을 구했습니다. 그는 세상에 저보다 더 지혜 있는 사람이 있는가를 물었더니, 아폴론의 무녀가 그런 사람은 아무도 없다고 대답했다 합니다. 그래서 저는 이렇게 생각했습니다. '신께서 왜 그런 생각을 하셨을까? 세상엔 나보다 더 지혜로운 사람도 있을 텐데, 신의 뜻은 도대체 무엇일까? 혹시 또 다른 뜻이 숨어 있진 않을까? 신의 뜻을 살피기 위해서라도 훌륭한 사람들을 찾아다니며 나보다 지혜로운 사람을 찾아보아야겠다.' 고요"

고발자들 입장에선 분통 터지는 일이었을 것이다. '소크라테스는 가장 현명한 사람'이라는 무녀의 말은 곧 아폴론신의 말씀이다. 소크라테스를 가리켜 '어리석고 지혜롭지도 않은 단순 선동꾼'이라고 말하고자 한다면 '아폴론의 말씀'을 부정해야 한다. 그러면 신성모독이 된다. 어쨌든 당시 소크라테스가 신탁에 의해 '가장 지혜로운 사람'이라고 인정받은 것은 틀림없는 사실이었기 때문이다. 반면 신탁의 내용을 인정하면 자신들은 '틀린 말을 한 적이 없는' 죄 없는 사람을 공격했다는 뜻이 된다. 다른 누구도 아닌 '신'의 뜻을 알기 위해 진리를 추구하는 사람에게 '국가가 인정하는 신을 부정했다'는 말은 성립하지 않는다. 소크라테스는 계속 말했다.

"저는 당연히 저보다 지혜로울 한 정치가를 찾아갔습니다. 실제 그 정치가도 자신이 지혜롭다 생각하고 있었습니다. 그러나 실제 만나보니 그는 저보다 지혜롭지 못했습니다. 최소한 저는 제가 모른다는 걸 알고라도 있지만, 그 자는 그것도 몰랐으니까요. 그다음에는 작가들을 찾아다녔습니다. 하지만 작가들은 그들 자신이 쓴 작품을 제대로 이해도 못하고 있어서, 오히려 독자들이 그들의 작품을 더 잘 이해해주는 형편이었습니다. 그다음엔 기술자들을 찾아갔습니다. 하지만 그들은 자기 분야 외에 다른 것들에 대해서도 지혜롭다고 착각하고 있더군요"

이쯤 되면 아테네인들이 왜 소크라테스를 싫어했는지 이해가 가지 않는가? 사람은 누구나 자신의 약점을 공격받으면 화를 낸다. 약점을 공격받아도 화를 내지 않는 사람은 약점이 없는 사람이 아니다. 약점을 초월한 사람이다. 하지만 세상에 그런 사람이 과연 몇이나 되겠는가? 그것도 가장 뛰어나다는 정치가, 작가, 장인들을 찾아다니며 그들의 자존심을 긁고 무식을 인정하게 만들고 다녔으니, 그들로서는 부끄러우면서도 격렬한 분노가 치밀었을 것이다.

재판받는 중에 소크라테스는 자신을 피고석에 앉을 인물이 아니라 영예롭게 대해 줘야 하는 인물이라고 주장한다든가, 사형을 내리려는 재판관들에게 매우 약소한 수준의 벌금형을 제시하고 그정도면 내주겠다고 제안하는 등의 일을 해서 재판관들의 화를 돋운다. 그 결과는 앞서 말한 바와 같다. 소크라테스는 유죄 판결을 받았으며, 그것도 사형 판결을 받았다. 500명의 아테네인들을 상대로 한 준엄한 꾸짖음의 대가이기도 했다.

소크라테스는 당시의 관례와 달리 곧바로 사형을 당하지는 않았다. 국가의 제사 기간 동안에는 사형이 금지되었기 때문이다. 아테네에서는 봄철이 되면 델로스 섬의 아폴론 신전에 사제를 태운 제사선을 보냈는데, 이 기간 동안의 사형 집행은 불경한 것으로 간주되어 이루어질 수 없었다. 사형 집행이 연기된 며칠간, 그는 자신을 찾아오는 제자와 친구들을 상대로 계속 토론했다. 마지막 순간까지 그는 철학하는 인간이었다.

하지만 결국 배는 돌아왔다. 제사 기간이 끝났고, 이제 독배를 들어야 할 때가 온 것이다. 지켜보는 모두가 슬퍼하고 눈물 흘리는 가운데, 슬퍼하지 않는 이는 오직 소크라테스뿐이었다. 자신의 죽음 때문에 눈물을 흘리는 이들에게 그러지 말 것을 이야기한 뒤 소크라테스는 독배를 든다.

"크리톤, 아스클레피오스 신께 내가 닭 한 마리 빚졌네. 기억해 두었다가 갚아주게"

이것이 소크라테스가 마지막으로 남긴 말이라고 한다. 당시 그리스인들은 몸이 아프다가 나으면 의술의 신인 아스클레피오스에게 제물을 바치는 관습이 있었다. 불멸의 영혼을 추구하는 소크라테스에겐 육체조차 질병일 뿐이었다는 의미다. 이런 사람에게 '목숨은 살려줄 테니, 철학하는 일은 그만두라'는 말은 참으로 부질없는 말이었을 것이다.

우리는 소크라테스의 인생을 쉽게 요약할 순 없다. 다만 그가 무엇을 말하고자 했는지는 알 수 있다. 그가 일관되게 자신의 생각을 주장했기 때문이다. 진리를 추구하며 항상 올바르게 살 것. 물론 그렇게 산다는 것이 쉬운 일은 아니다. 또한 나는 이 글을 읽는 당신이 모든 것을 버리고 소크라테스처럼 살아야 한다고 말하고자 그를 소개한 것도 아니다. 나도 당신도, 그렇게 살 수 없다.

우리는 무소유의 삶은 살 수 없는 것이다. 나는 내가 일한 대가로 받는 돈에 대해 죄의식을 갖거나 경멸하지 않는다. 그리고 때로 돈에 대해 욕심을 부리는 것을 부끄럽게 여기지도 않는다. 돈이 내가 하고 싶은 일을 하는데 중요한 힘이 된다는 것을 분명히 이해하고 있기 때문이다. 그리고 설령 명예나 권력을 추구하여 남과 경쟁하는 사람이 아니라 해도, 자신을 지키는 일에 게으르면 언젠가 그 대가를 치른다는 것을 경험에서 배웠다.

그럼 우리는 소크라테스에게 무엇을 배울 수 있는 걸까? 나는 자신의 생각을 지키는 자세에 대해 말하고 싶다. 다시 말해 자신의 생각을 끊임없이 반성하되 타인의 요구나 압력, 사회의 관습에 의해서가 아니라, 치열한 자기 고민의 결과로 세상을 살아가는 자세가 필요하다는 뜻이다. 자신의 기준대로 살지 않는 사람은 매번 남들의 요구에 휘둘리며 산다. 우리에게 필요한 건 눈앞에 500명의 재판관을 두고도 눈 하나 깜짝 안 하고 아테네인들의 허황된 모습을 꾸짖던 그 모습, 바로 그 강단이다.

물론 이 역시 쉽지 않은 일이다. 그러나 자유를 누린다는 것은 본디 쉬운 일이 아님을 기억해야 한다. 남에게 속한 채로 끌려 다니는 노예의 삶이 쉽지 않듯이, 자유를 누리고 그에 대한 책임을 지며 사는 것 역시 당연히 쉽지 않다. 자유로운 상태를 유지하며 살고 싶은가? 그럼 끊임없이 노력하고 결단할 수 있어야 한다. 우리가 자유를 추구해야 하는 까닭은 그것이 쉬워서가 아니라, 그것이 더 가치가 있어서다.

나에게도 소크라테스는 참으로 버거운 존재다. 그러나 그가 추구하는, 세상 사람들의 기준에서 벗어나 자신만의 자유와 생각을 추구하는 모습은 단 몇 페이지만이라도 반드시 쓰고 싶었다. 당신도 소크라테스처럼 진정한 정신의 자유를 누릴 수 있기를 바라면서 말이다.

3.
개인이 세상을 바꾸다
-스티브 잡스

2005년, 한 대학 중퇴자가 스탠포드 대학 졸업 연설의 축사를 맡았다. 그는 평소 프레젠테이션의 귀재라 불리며 수많은 발표에서 천재적 퍼포먼스를 보였던 사람이다. 그러나 이날, 그는 평소의 방식 대신 몇 장의 원고를 읽는 낡은 방식을 택했다. 그 원고에는 자신의 성장 과정, 그리고 삶을 살아가면서 겪었던 몇 가지 일들, 삶의 방향을 결정하는 방법이 담겨 있었다. 그 원고를 읽는데 걸린 시간은 15분도 되지 않았지만, 그 시간은 수많은 사람들에게 감동을 주기에 부족하지 않은 시간이기도 했다. 사람들의 마음을 단 몇 분간의 연설로 울린 이 사람이 누구였을까? 바로 애플의 스티브 잡스다.

　잡스가 그 자신의 출생의 비밀을 밝히기 전까지, 세상은 그가 정식으로 엘리트 코스를 밟았을 거라 생각했다. 하지만 그의 출생은 축복과는 거리가 멀었다. 그는 미혼모의 아들이자 입양아였고, 더나아가 대학 중퇴자이자 한 때 실업자였던 사람이다. 대개의 사람이라면 이런 경우 어떤 인생을 살까? 어쩌면 자포자기한 삶을 살게 되지 않을까? 하지만 모두가 알다시피 스티브 잡스야말로 IT업계에서 가장 마법 같은 일을 해내고 떠난 전설 그 자체다. 어떤 분야든 정점에 도달하면 예술이 된다고 볼 때, 그는 충분히 예술가이며 거장이라 불릴 자격이 있다. 그 자신의 인생을 포기해도 모두가 위로해줄 상황에, 자신의 부족함을 위대함으로 바꾸는 데 성공했기 때문이다.

　대개의 사람들은 자신의 존재 가치를 믿지 않으며 살아간다. '나는 돈이 부족해', '나에게 능력이 있었더라면', '내 학벌이 좋았더라면' 이라고 생각하면서 말이다. 하지만 온전히 다 갖추고 세상을 사는 사람은 없다. 그리고 자신이 부족하다고 생각하는 것은 어디까지나 세상이 정한 기준이다. 만약 정말로 부족하다 하더라도 그것이 곧 문제는 아니다. 진짜 문제는 자신의 가치를 믿고 앞으로 나아가느냐 아니냐의 문제이기 때문이다.

　잡스의 친부모는 압둘파타 존 잔달리와 조앤 시블이다. 잔달리는 시리아의 명문 집안 출신이었으며 당시에는 대학 조교였다. 시블은 위스콘신 대학교의 대학원생이었다. 하지만 친부모인 그들은 그를 기를 수 없었다. 어머니 집안의 반대로 헤어져야 했기 때문이다. 그를 제대로 기를 수 없다고 판단한 생모는 그를 입양보내기로 결심하는데, 입양 조건으로 원했던 것은 양부모의 대학 졸업 이상의 학력이었다. 그래서 그는 태어나자마자 변호사 가정에 입양될 예정이었다.

　하지만 그는 입양되지 못한다. 그를 입양하기로 약속한 변호사 부부가 딸을 원했기 때문이었다. 그 다음 두 번째 양부모 후보자인 잡스 부부가 그를 데려가고 싶어 했는데, 이번에는 친어머니가 반대했다. 양부모 후보자는 대학에 가지 못한 사람들이었기 때문이다. 하지만 그들이 아이를 대학까지 보내겠다고 약속을 함으로써, 그는 비로소 입양이 된다. 이런 험난한 입양 과정 자체가 앞으로의 복잡한 인생행로를 예고하는 게 아닌가 싶을 정도다.

가치 없는 것 대신 보다 가치 있는 것을 택하다

그의 아버지는 자동차 정비공이었다. 그런 그가 저축할 수 있는 돈은 충분치 않았던 모양이다. 입양 당시의 약속대로 그를 대학에 보내긴 했지만, 그 돈은 잡스 부부가 평생을 모은 돈이기도 했다. 잡스 역시 이런 현실을 잘 알았다. 거기에다 대학 교육은 그가 생각하기에 그다지 가치 있지도 않았다. 그래서 그는 반년 만에 자퇴를 결정한다. 모든 것이 불안하지만, 동시에 모든 것이 잘 되기를 기원하면서.

대학교에 다니던 학생이 대학에서 나오면 당장은 할 일이 없게 마련이다. 그 역시 그랬다. 반면 아무것도 보장되지 않았기에 무엇이든 선택할 수 있었다. 두려움과 자유를 맞바꾼 대가라고 보아야 할 것이다. 그래서 흥미 없는 전공 강의를 듣는 대신 자신이 원하는 강의를 들었다. 가령 당시 전혀 쓸모없을 것 같았던 캘리그라피 수업을 통해, 그는 서체가 가진 아름다움에 깊이 빠져들었음을 고백한다. 그리고 특별히 자기 인생에서 쓸모없어 보였던 이 수업을 통해 배운 것들이, 10년 후 매킨토시에 적용된다. 매킨토시가 가진 트루타입 폰트는 그렇게 탄생했다.

대개의 부모들은 자식이 무언가를 하겠다고 하면 그것이 세상의 가치 기준에 적합한지, 다시 말해 성공 가능성이 어느 정도인지를 먼저 따지는 습성이 있다. 자신의 자녀가 다치고 실패할까 두렵기 때문일 것이다. 하지만 남들이 다 가는 길은 단지 평범해서 문제가 아니라, 성공 가능성 자체가 희박해서 문제다. 게다가 책상 앞에서 책을 통해 익힌 지식은 세상에서 직접 부딪치고 경험함으로써 확인하고 대조해 보아야 가치가 있다. 그래서 진정한 가치들은 세상의 시련에 도전할 때에만 얻을 수 있다.

하나의 경험은 처음에는 단지 하나의 점처럼 보인다. 그러나 이 경험이 다시 다른 경험과 관련되면 두 경험 사이에 하나의 선이 만들어진다. 그리고 이 선들이 수없이 얽히고 설키면서 복잡한 무늬의 인생이 만들어진다. 하나의 점은 그 자체로는 아무 의미가 없어 보이지만, 이것이야말로 선이 되고 면이 되는 첫 출발점이 되는 것이다. 따라서 점이 많을수록 연결고리가 많이 생기기에 그 인생이 풍요로워진다. 삶의 의미를 채우는 사건들이 서로 연결되면서 창조성이 발휘되고, 그 자신에게 또 다른 경험을 새로이 제공한다. 그런 점에서 창조성은 곧 경험의 폭과 깊이라고 볼 수 있다.

잡스는 이것을 분명하게 이해하고 있었던 것으로 보인다. 다만 처음부터 알았던 건 아니었다. 그는 스탠포드 대학 연설에서 그 사실을 대학 중퇴 시절에는 몰랐지만, 십 년이 지난 후에는 그것이 분명히 보였다고 말하고 있다. 만약 당신이 어떠한 사람을 알고 싶다면, 그가 무엇을 경험했는지를 보면 된다. 그가 경험하고 선택한 것들이 모여 그를 결정하기 때문이다. 당신 또한 마찬가지다. 당신이 세상에서 가장 수동적인, 책상 앞에 앉아서 문제집만 풀고 있는 삶을 반복한다면 당신은 대학을 졸업해서도 시험을 통해 인생을 결정하는 길, 다시 말해 기업 입사 시험이나 공무원 시험을 준비하는 길을 걷게 될 가능성이 높다. 그렇게 당신의 인생은 매우 제한된 폭 안에 한정된다. 그런 점에서 학생들이 책상 앞에만 앉아 있는 오늘의 현실은 참으로 안타까운 일이다.

선택하고 집중한다

앞서도 말했듯이 다양한 경험을 통해 연결된 정보는 새로운 창조적 상상력으로 이어진다. 그리고 이 상상력을 발휘해 자신이 원하는 것을 찾아내면, 그것에 집중하는 동안 나머지는 극도로 단순화해야 한다. 불필요한 것들은 덜어내는 것이다. 가령 애플 제품의 간결한 이미지는 잡스의 철학이 고스란히 반영되어 있다. 그의 이러한 철학은 그가 선불교에 입문했기 때문이라고도 한다.

또한 그는 사람들이 편리한 기능만 가진 물건보다, 보다 단순하되 아름다운 물건을 사랑한다고 생각했다. 그것은 실제로 올바른 생각이었다. 누구나 복잡한 것보다는 단순하고 직관적인 것에 매력을 느끼기 때문이다. 이러한 현상은 물건뿐만 아니라 사람 사이의 관계에서도 마찬가지다. 때때로 사람들은 구구절절한 이야기보다 의미 있는 한 마디에 마음을 바꾸기도 한다. 예를 들면 잡스가 애플 설립 초기에 펩시 사장이었던 존 스컬리를 영입하려 할 때도 그랬다. 스컬리가 신생 기업으로의 이직을 망설이자, 잡스는 이렇게 말했다고 한다.

"인생을 낭비하며 설탕물만 팔 거요? 아니면 나와 함께 세상을 바꿀 거요?"

이 한 마디에 그때까지 망설이던 스컬리는 애플로 옮기면서 최고경영자가 된다. 잡스의 기대대로 스컬리는 그간 연이은 실패로 위기에 빠진 애플을 구하는 데 성공했다. 예를 들면 1984년에는 조지 오웰의 소설 『1984』에서 영감을 얻어 IBM의 횡포에 맞서는 애플의 이미지를 광고로 내보냈는데, 이것이 큰 반향을 불러일으켰다. 사람들이 세상의 컴퓨터는 IBM PC 뿐만 아니라 애플의 매킨토시도 있음을 새삼스레 기억해 냈다.

철저한 실패, 그리고 새로운 도약

존 스컬리는 누가 뭐래도 잡스 본인이 스카우트한 사람이다. 당연히 처음에는 둘 이 모든 일을 긴밀하게 논의했다. 하지만 이내 둘 사이에 벽이 생기기 시작했다. 매사 자신이 옳다고 고집 피우는 잡스를 스컬리가 막아서기 시작하면서부터였다. 가령 애플 3을 개발하면서 잡스는 시끄럽다는 이유로 냉각팬을 빼버렸다. 그러자 과열로 툭하면 꺼지는 컴퓨터가 탄생했다. 또한 세계 최초로 GUI(그래픽 유저 인터페이스)를 구현한 리사 컴퓨터가 혁신적이라며 4천 달러의 가격을 매겼다. 4천 달러는 오늘날에도 큰돈이다. 당시의 물가로는 큰돈 정도가 아니라 어마어마한 가격이었다. 당연히 이런 물건이 팔릴 리 없었다. 스컬리의 역할은 창의력의 발휘가 아니라 물건을 팔리게 하는 것이었다. 이런 식의 무분별함은 도무지 참을 수 없었을 것이다.

한편 잡스는 잡스대로 자신이 데려온 스컬리를 쫓아낼 궁리를 한다. 그래서 회사 임원들을 소집하고 둘 중 누가 회사에 남아야 하는지 투표를 벌인다. 애플을 세운 자신이 합법적으로 스컬리를 쫓아낼 방법으로 그보다 좋은 방법은 없다고 생각했을 것이다. 하지만 결과는 의도와 정반대였다. 회사에 남은 쪽은 스컬리였다. 임원들은 이해할 수도 없는 제품만 내놓는 데다, 독선적인 잡스를 견딜 수 없어했다. 결국 서른 살에 잡스는 자신이 세운 회사에서 쫓겨나는 수모를 겪는다. 스무 살에 친구였던 스티브 워즈니악과 차고에서 애플을 세운 이후 꼭 10년 만이었다.

애플에서 쫓겨난 사건은 잡스에게도 충격이었을 것이다. 그 자신의 고백에 따르면 몇 달간 아무것도 할 수 없었다고 한다. 그러나 그는 '한때 잘 나갔던' 회사 운영자로 자신의 인생 경력을 끝낼 생각은 없었다. 실패하고 끝난 그저 그런 벤처 사업가는 그가 원한 삶이 아니었다. 결국 애플에서 쫓겨난 잡스는 넥스트(NeXT)와 픽사(Pixar)를 설립한다. 픽사를 통해 만든 3D 애니메이션이 바로 '토이 스토리'다. 이후 애플은 1997년에 넥스트를 인수하는데, 잡스도 이때 애플로 복귀했다. 애플로 돌아오면서 그는 멋진 선물을 안겼다. 10억 달러의 적자를 낸 애플을 한 해 만에 4억 달러 가까운 흑자로 전환시킨 것이다. 스티브 잡스가 곧 애플임을 알리는 새로운 신호탄이기도 했다.

가장 중요한 것은 자신이 원하는 것이다

11년 만에 복귀한 잡스가 애플에 요구했던 연봉은 얼마였을까? 단 1달러였다. 이것이 의미하는 바는 명확했다. 그에게 필요한 건 돈이 아니라 원하는 일을 할 수 있는 자유라는 뜻이다. 당시 애플은 경영 실패로 문 닫기 직전이었다. 1996년 애플 이사회는 애플 매각을 생각하고 있었고, 주가는 4달러 이하였다. 그가 제시한 연봉은 이미 휴지조각이 되어가는 애플의 주식조차 단 1주도 살 수 없는 금액이었을 뿐이다. 만약 잡스가 돈을 벌기 위해서라면, 굳이 애플을 선택할 필요는 없었다는 뜻이다. 이 험난하고 적대적인 조건에서도 잡스는 자신이 원하는 일을 해냈다.

그가 그럴 수 있었던 까닭은 무엇일까? 잡스는 자신의 성공 이유를 '내가 원하는 일을 했기 때문'이라고 말한다. 그가 해낸 많은 일들은 그의 강력한 의지가 없었으면 불가능했을 일들이다. 그런데 그런 강력한 의지가 자신이 원하는 일이 아닐 때에도 발휘될까? 다른 사람들이 '시키면 시키는 대로 해', '모난 돌이 정 맞아', '나서지 마, 조직에선 튀지 말아야지' 같은 말을 할 때 그 말 그대로 따르는 사람의 가슴에도 이런 열정의 불꽃이 필까? 그렇지는 않을 것이다. 설령 그 열정의 불꽃은 잠시 나타나더라도 이내 사그라들 것이고, 불꽃이 워낙 작았기에 꺼지더라도 재조차 남지 않을 것이다. 그리고 이내 세상 어느 누구도 거기에 관심 갖지 않을 것이다.

반면 잡스는 달랐다. 잡스가 평소 말했던 '내가 원하는 일', '가슴이 시키는 일'을 해야 한다는 말은 '직관'의 힘을 믿으라는 말과 같았다. 대개의 사람들은 변명거리를 찾을 때 합리성을 발휘하는 특징이 있다. 상황이 나빴음을 얼마든지 그럴듯하게 설명할 수 있고, 온갖 조건이 자신에게 불리하고 적대적이었음을 몇 시간이고 떠들 수 있다. 반면 새로운 일을 시작하기 전에는 온갖 합리적인 이유를 들어 그것이 얼마나 어려운 일인지 주변에 설명하느라 시간을 다 쓴다. 그런다고 부담감, 실패의 충격이 줄어드는 것도 아닌데 말이다.

만약 당신이 무언가를 원한다면, 그런 당신 자신에게 진심으로 감사해야 한다. 왜냐하면 사람이 자신이 원하는 것을 찾기란 생각보다 쉽지 않기 때문이다. 하고 싶은 일이 당신 눈앞에 있다면 당장 그 일을 할 일이다. 머뭇거리는 대신 행운에 감사하고 직관에 따라 그 일을 시작하는 편이 낫다.

왜 하는지 생각한다

무언가를 할 때 중요한 것은 관습에 따라 하는 것이 아니라, 왜 하는지 이치를 따져 묻는 것이다. 어제도 그랬고 그제도 그랬으니 내일도 그럴 것이라고 단정하지 말아야 한다. 잡스가 일을 할 때 중요하게 생각한 것은 언제나 '왜'였다. 그가 보기엔 관례상 하는 수많은 너절한 일들이 도처에 널려 있었지만, 어느 누구도 이걸 '왜'

해야 하는지 물어보면 답을 주지 못했다. 대신 그들은 언제나 '그 냥'이라고만 대답했다. 그리고 더 이상 그 어떤 의미도 찾지 않았 다.

반면 잡스는 달랐다. 잡스는 언젠가 한 인터뷰에서 '경영을 정식 으로 배운 적도 없는데 그렇게 큰 회사는 어떻게 운영하느냐'는 질 문을 받은 적이 있다. 그 대답으로 그는 '이 일을 왜 하는지' 생각 하면서 일을 하면 된다고 말했다. 그 예로 그는 자신이 애플 I 을 만 들 때부터 이미 생산 원가를 정확히 알고 있었는데, 애플 II를 생산 할 때 보니 회계학에 '표준 원가'란 개념이 있었다고 했다. 원가의 표준 수치를 정해놓고 매분기 말에 그 수치가 맞지 않으면 수치를 맞도록 일일이 조정한다는 거였다.

쉽게 말해 업계 관행이란 것이 결과에 원인을 맞추는 희한한 작 업이었다는 말이다. 그로선 왜 이런 일을 하는지 알 수가 없어 6개 월간 공부한 끝에야 답을 얻었는데, 원가를 정확히 알 수 없으니 나 중에 나온 결과에 예상 원가를 맞추는 일을 하고 있을 뿐이었던 것 이다. 그리고 원가를 정확히 알 수 없었던 진짜 이유는 제대로 된 정보 시스템이 없기 때문이었다. 다시 말해 정보 시스템만 제대로 구축하면 나머지는 저절로 해결될 문제였다. 그러나 다른 사람들 은 제대로 된 정보 체계를 구축하는 대신, 그저 '남들도 다 그렇게 하니까' 표준 원가를 기계적으로 맞추는 일만 반복했다. 그는 인터뷰 마지막에 이렇게 이야기했다.

"많은 질문을 던지고, 고민하고, 열심히 일할 각오만 되어 있으면 경영은 금방 깨우칠 수 있습니다"

잡스는 항상 일의 '의미'를 찾았던 사람이다. 그가 매일 아침 거울을 보며 했던 생각은 '오늘 내가 죽더라도 지금 하는 이 일을 할 것인가?' 였다고 한다. 질문에 대한 답이 '노'가 반복되면 뭔가 잘못된 삶을 살고 있다는 뜻이라는 거였다. 당신도 항상 생각하고, 의미를 추구하며, 그렇게 함으로써 세상의 요구가 아니라 당신 내면의 요구가 무엇인지 깨달아야 한다.

사람들이 창업을 하는 이유

잡스가 예전에 한 일본 방송사에서 인터뷰한 내용을 본 적이 있다. 진행자가 잡스에게 창업을 원하는 젊은이들에겐 어떤 말을 해주느냐고 묻자, 잡스가 대답했다.

"저는 묻지요. 왜 그걸 원하느냐고요. 그러면 그들은 한결같이

'큰돈을 벌고 싶어서요'라고 대답합니다. 그러면 저도 말합니다. '그만둬. 자넨 실패할 거야. 그런 수준의 이유로는 충분하지 않아' 라고 말입니다."

이어 잡스는 자신이 왜 그렇게 말하는지도 설명했다.

"저는 큰돈을 벌고 싶어 창업을 한 사람 중에 성공한 사람을 별로 본 적이 없습니다. 개 중에는 심지어 창업을 원한 적도 없고, 단지 자신의 아이디어를 세상에 발현하길 원했던 사람들도 있습니다. 그런 그들이 창업을 해야만 했던 이유는, 아무도 그들의 이야기를 들으려 하지 않았기 때문이죠."

나에게 강렬한 느낌을 주었던 말은 마지막 말이었다. 바로 '그들이 창업을 해야만 했던 이유는 아무도 그들의 이야기를 들으려 하지 않았기 때문'이라는 내용 말이다. 사람은 서로 충돌하면 남을 설득해서라도 자기가 원하는 일을 하려는 경향이 있다. 하지만 꼭 그래야 할까? 남들이 알아주든 알아주지 않든 그저 자신이 원하는 일을 하면 안 되는 걸까? 설득을 한다는 것은 남의 이해를 구하는 행동이다. 하지만 굳이 남을 설득하려 애쓰지 않아도 된다. 자신이 원하는 것을 자신의 방법으로 노력하고 이뤄내면 그만인 것이다.

세상은 재미있는 곳이다. 당신이 남의 이해를 구하려 애쓰는 순간, 세상은 당신을 외면한다. 반면 당신이 남이 아니라 당신이 원하는 것에 관심을 집중하면, 이번에는 세상도 당신에게 관심을 기울인다. 다시 말해 그때부턴 세상이 당신을 돕게 된다. 왜 그럴까? 나도 정확히 어떤 이유인지는 설명할 수 없다. 다만 당신이 무언가에 몰입한다면, 사람들이 당신의 열정에 감동을 받고 당신을 신뢰할 것은 분명하다.

세상이 당신의 생각을 알아주지 않고, 당신이 어떠한 사람인지 관심 없어할 가능성은 매우 높다. 때로는 당신의 가족조차 당신을 이해 못해 비난할 수 있다. 그럴 때 당신이 취할 수 있는 방법은 두 가지다. 자신의 생각을 증명하려 노력하거나, 조용히 자신의 세계로 들어가 스스로를 보호하는 것. 당신이 어느 쪽을 택하든 당신의 자유다. 사실 나는 굳이 자신의 생각을 세상에 증명하기 위해 매번 노력하라고 말하고 싶지는 않다. 그게 얼마나 피곤한 일인지 당장 나부터 잘 알고 있기 때문이다. 하지만 만약 당신이 자기가 원하는 일을 함으로써 자신의 생각을 세상에 증명하겠다고 한다면, 나는 당신을 진심으로 응원하고 지지하겠다.

더 나은 미래를 위해

244

잡스는 '5년 후'는 예측할 수 없다고 말했다. 애플의 최장기 프로젝트조차도 4년짜리라는 것이다. 왜냐하면 세상은 너무나도 빠르게 변하고, 예정된 계획은 항상 뭔가 어긋나게 마련이며, 무엇보다 그런 변화된 상황에서 사람이 원하는 것도 달라질 수 있기 때문이라는 거였다. 그리고 이것은 엄연한 현실이기도 하다. 우리가 5년 전에 예측할 수 있었던 것이 몇 가지나 될까? 우리는 그처럼 아무것도 예측할 수 없는 세상을 살고 있다.

미래를 준비한다? 얼핏 생각하면 좋은 말이다. 세상이 점점 복잡해지고 예측 불가능하기 때문에, 더 많은 미래를 준비하지 않으면 큰일 날 것 같다. 하지만 그렇다고 해서 현재를 미래를 위한 희생 수단으로 삼는 건 그다지 매력적인 모습은 아니다. 현재 버는 돈을 모조리 저축하고 허덕이며 사는 삶이 괜찮고 근사한 삶으로 보이지는 않는 것처럼.

당신이 선택할 수 있는 것은 어떻게 될지도 모르는 미래를 뜬구름 잡기 식으로 예측하는 것 하나, 그저 현재 할 수 있고 하고 싶은 것에 몰입하고 최고의 자유로움을 느끼며 사는 것 하나, 이렇게 둘 뿐이다. 당신이 미래를 준비하는 최고의 방법을 알고 싶은가? 간단하다. 현재를 즐기며 살면 된다. 현재를 즐길 수 있다는 말은 현재라는 시간의 가치를 인정하고, 자신이 하고자 하는 그리고 온전히 미칠 수 있는 일을 찾았을 때 가능하다. 바로 그런 일을 하는 시간이 당신의 하루하루여야만 한다.

예측할 수 없는 미래가 아니라 현재 닥친 문제를 그야말로 닥치는 대로 해결하고 있을 때, 비로소 사람은 성장한다. 그리고 하나를 경험할 때마다 더 성숙해간다. 당신 역시 나이를 먹어가고, 새로운 경험을 하면서 점점 성장할 것이다. 그때 당신이 경험하는 세상이 어떤 세상일지는 알 수 없다. 다만 더 나은 미래가 올 것이라 믿으며 현재를 즐겁게 살 수는 있다. 나는 당신이 그럴 수 있기를 희망한다.

마지막으로 잡스가 스탠포드 대학 졸업 축사에서 했던 말을 인용하고 싶다.

Stay hungry, Stay foolish (항상 갈망하라, 항상 우직하라)

당신이 자유를 갈망하며, 세상의 평가에 흔들리지 않고 항상 자신의 생각을 지킬 수 있기를 진심으로 바란다.

내가 결정한 것들이 모여 내가 된다

김어준의 『건투를 빈다』를 읽다 보면 이런 말이 나온다. 당신이 매번 선택한 것들의 누적분이 당신이라고. 맞는 말이다. 당신은 지금까지 계속 고민하고 결정하는 일을 반복해 왔다. 그리고 앞으로도 그럴 것이다. 그 고민이란, 하긴 하는데 오르지는 않는 성적에 대한 고민일 수 있고, 다니는 학교를 자퇴할까 말까에 대한 고민일 수 있으며, 각종 학교 폭력으로 인한 전학일지도 모르겠다. 혹은 실제 전학을 가서 부적응하고 있는 자신의 모습인지도 모르겠고 말이다. 살면서 당하는 온갖 기분 나쁜 일, 부당한 일, 억울한 일, 혹은 잘 모르는 일까지, 세상 모든 일은 죄다 고민거리다.

그런 상황에서 당신이 어떤 선택을 내리든 당신의 선택은 존중

받아야 한다. 당신이 마음 가는 대로 정한 것이고, 거기에 책임질 준비가 되어 있다면. 인생에서 가장 중요한 규칙 하나. 당신이 내리는 결정에 대해선 당신이 온전히 책임져야 한다는 것. 그것만 된다면 그 누구의 간섭이나 지시도 거절할 수 있다. 진정 두려운 것은 온전히 자립하지 못하는 상황이지, 남의 말을 안 듣는 상황은 아니다. 삶에 연습은 없지만 책임지는 것을 반복하는 일은 할 수 있다. 그런 일들이 하나의 경향성을 띠게 되고, 그렇게 선택한 것들이 쌓여 당신이 된다.

당신 삶의 통제권을 뺏고 싶어 하는 사람은 생각보다 많다. 김어준의 말대로 학교에서 두발 단속을 하는 이유는 선생님들이 두렵기 때문이다. 중요한 건 두발 단속이 아니라 통제권 다툼이다. 선생님들 역시 두발 단속에 불편함과 저항감을 느끼며 자랐다. 나만 해도 갑자기 선생님들이 교실로 들어와 내 머리를 자른 기억이 몇 차례나 있다. 그때의 굴욕감과 분노는 시간이 지난다 해서 흐릿해지는 것이 아니다. 나는 학생들의 복장에 대해 되도록 말을 하지 않으려고 하는 편인데, 머리 길이와 공부 사이의 인과관계에 대해 내가 납득할 만한 근거를 찾지 못했기 때문이다.

하지만 대개의 교사들은 통제할 수 있는 위치가 되니까 이번에는 자신들이 겪었던 그 불편함을 강요하는 상황을 반복한다. 그럼 부모님은 어떨까. 부모는 당신의 성적을 좌우하려 하고, 그다음엔 당신의 취업을 좌우하려 할 것이며, 그다음엔 결혼까지 좌우하려 할 것이다. 당신 성적이 마음에 안 들면 학원을 새로 알아볼 테고, 취업을 준비하고 있으면 언제 백수생활 끝낼 거냐고 닦달하며, 취업을 하고 결혼 적령기가 되면 결혼은 언제 할 거냐고 물어볼지도 모른다. 그것도 부모님만이 아니라 명절마다 온갖 친척들이 다 같이 옹기종기 모여 앉아서. 만약 당신이 그런 부모님을 만나지 않았다면, 당신은 그런 행운에 진심으로 감사해야 한다.

우리 사회의 모습이 마냥 장밋빛이기만 하다면 참으로 좋겠지만, 당신도 나도 그런 세상에서 살고 있지 않다는 걸 우리 모두 알고 있다. 세상이 칙칙한 잿빛인 이유는 여러 가지가 있겠지만, 무엇보다 남의 일에 관심 갖는 사람은 너무 많고, 지시하고 명령하는 사람도 많으며, 집단 문화를 강조하는 사람들이 있기 때문이다. 사람이 소나 말이 아닌데 그런 식으로 길들이려는 사람들이 많은 것은 정말이지 슬픈 일이다. 그런 사람들은 종종 사회화와 획일화를 혼동하곤 한다. 그런데 이런 사회에 체념하고 살기에는 당신은 이제 고작 십 대다. 당신이 앞으로 살아가야 할 날이 더 많다는 뜻이다.

언젠가 어떤 선생님이 고1 학생들에게 그런 말을 하셨다고 한다. 넌 그 나이 먹도록 꿈도 없냐고. 그 말을 전해준 사람에게 내가 한 대답. 당연히 없을 수밖에 없지 않냐고, 무언가를 해봤어야 꿈이 있을 것 아니냐고 말이다. 진정으로 안다는 것은 경험해보았다는 뜻이다. 거꾸로 말하자면 경험하지 않은 것은 알 수 없고, 그래서 선택도 할 수 없다. 당신이 집의 형광등 하나를 간다고 해도, 직접 해볼 기회를 얻어야 일반 형광등과 LED 형광등의 차이를 이해하고 배울 기회가 생긴다. 아름다운 집에서 살고 싶다는 생각은 막연한 것이지만, 도배와 장판이라도 할 줄 알게 되면 생각과 행동은 더 구체적인 수준으로 나아간다. 그런 일을 계속하다 보면, 마침내 '좋은 집은 어떤 집인가'를 생각하는 날이 오게 되고, 당신이 살 집을 직접 짓는 날이 오게 될지도 모른다.

본디 배움이란 그런 것이어야 한다. 삶을 살다가 닥친 문제들을 해결하다 보면, 당신은 그만큼 부쩍 성장한다. 문제를 해결하는 과정에서 생각의 폭이 넓어지고 깊이가 깊어진다. 자유롭다는 건 여러 의미가 있겠지만, 바로 이런 것들을 내가 선택할 권리를 행사한다는 것 아닐까?

학교는 변하고 있다지만 아직도 그 속도는 더디기만 하다. 지난 2016년 3월에는 닷새간 이세돌과 알파고의 대국이 열렸다. 총 5번의 대국 중에 인간이 승리한 것은 단 한 번이었다. 그리고 사람들은 인공지능이 발달한 미래가 축복이 아니라 재앙일지 모른다는 걱정을 하기 시작했다. 그래서 언론은 앞으로 사라질 직업군을 앞다투어 발표했는데, 그중에서 교사는 순위 안에 있지 않았다. 사람 대신 슈퍼컴퓨터가 암을 진단하고, 투자 전문가보다 더 높은 수익률을 보여주는 시대가 왔는데도 말이다. 그것은 무엇을 의미할까? 나는 두 가지라고 생각한다. 첫째, 단순 기능은 이미 기계가 대신하고 있으므로, 인간은 기계가 도무지 흉내 낼 수 없는 것으로 승부를 보아야 한다는 것, 두 번째로는 그것이 바로 창조성이며, 학교는 그런 능력을 발휘할 수 있는 학생들을 어떻게 길러낼 것인지 고민할 시기가 되었다는 점이다. 만약 학교에서 뻔한 강의식 수업과 주입식 수업을 반복한다면, 교사라는 직업 역시 기계로 대체되는 날이 올 것이다.

아쉽게도 바람직한 학교의 모습은 여전히 미완성이다. 그럼에도 불구하고 그 안에서 어떻게든 하루하루 버텨내는 학생들이 대견하고 미안하기만 하다. 때때로 학생들에게 상처받으면서도 돌이켜 생각하고 학생을 위해야 한다고 마음을 다잡는 이유는 하나뿐이다. 나 역시 그 시기를 겪었고, 학생들이 그 시기를 똑같은 방식으로 겪어야 하는 데 대한 어른으로서의 미안함이 있기 때문이다. 우리는 끝도 없이 북유럽의 학교들을 찬양하고, 미국에서 수입된 교육 제도에 대해 비판한다. 정작 우리 안의 학교는 깊이 들여다보지도 않으면서 말이다.

그러니까 이제라도 고민해야 한다. 어른은 학생의 성장을 돕기 위해 무엇을 할 것인가를, 그리고 학생은 자신이 원하는 것을 어떻게 찾을 것인지를. 그리고 당신은 그 길을 찾기 위해 끝도 없이 시도해야 한다. 때때로 그 일이 사막에서 오아시스를 찾고, 밤중에 낭떠러지 옆 외길을 걷는 느낌일지라도.

생각해 보면 참으로 이상한 일이다. 매년 전국의 수십만 명 학생이 매년 똑같은 옷을 입고, 똑같은 밥을 먹으며, 똑같은 장소에서, 똑같은 공부를 해야 한다는 것은. 그리고 한 사람의 내부에서 발견되지 않은 수많은 재능들이 적절한 때와 장소를 만나지 못해, 과연 있었는지조차 의심스러울 만큼 희미해져 버리는 사실도. 소수를 제외한 많은 사람들이 자신을 실패자로 여기고 부끄러워한다는 것, 자신의 존재 가치를 믿지 않고 평범함조차 부러워한다는 것은 참으로 슬픈 일이다. 하지만 내가 당신에게 건네는 위로와 별개로, 당신이 결단하고 힘을 내는 일 역시 중요한 일이다. 당신의 선택에 확신이 없고 매번 불안할지라도 그건 당신이 부족해서가 아니라, 당신이 자유를 선택한 대가라고 믿어야 한다. 성공과 실패에 대한 생각은 잠시 미뤄두고, 그저 지금 하고 싶은 일이 무엇인가를 생각했으면 좋겠다.

본문에서도 말했지만 나는 몇 년 전 머리를 수술한 적이 있다. 간단한 수술이라 국소 마취만 하면 되는 수술이었다. 그때는 내가 임용 시험을 준비할 때였다. 전신 마취가 아니었기에 의식이 있었고, 그래서 수술을 하는 동안 문법 내용을 속으로 혼자 정리했다. 수술이 끝나고 나서 했던 일은 도서관에 가서 공부하는 것이었다. 그때의 나에겐 그게 가장 중요한 일이었다. '교사가 되어야 먹고 사니까' 같은 생각이 아니었다. 내가 선택했고, 그래서 끝장을 보기로 결심했던 것에 대한 몰입이었다.

그 당시에 공부했던 내용 상당수는 이미 잊어버렸다. 고등학생들은 내가 공부했던 수준까지는 배우지 않아도 되기 때문에, 나도 그 정도까지 수업을 준비할 필요는 없기 때문이다. 그러나 그것을 진심으로 좋아해서, 온 힘을 다해 공부했던 기억은 남아 있다. 어떠한 것이라도 좋다. 단 한 가지라도 좋으니, 당신 역시 그런 것을 찾았으면 좋겠다. 물론 당신은 나와 또 다른 길을 선택할 것이다. 그 길이 어떤 길인지는 오직 당신만이 안다. 그리고 당신이 결정해야 한다. 살아갈 날들이 아깝지 않기 위해서라도, 더 자유롭게 더 많은 것을 선택할 수 있기를 바란다. 이 책을 통해 내가 당신에게 주고 싶었던 메시지는 단 하나, 세상의 기준이 아니라 당신의 기준으로, 당신이 원하는 것을 선택하고 행하라는 것이었다.

마지막으로 덧붙이고 싶은 말이 있다. 이 책은 카페에서 쓴 날도 있고, 학교에서 야간 자습 감독을 하면서 쓴 날도 있다. 둘 중 하나를 따지자면 두 번째가 더 많다. 자습 감독을 하면서 지쳐하는 학생들을 볼 때마다 깨우기조차 조심스럽다. 어쩌면 나의 글쓰기는 나와 학생, 모두를 구원했는지도 모른다. 고단한 학생에겐 잠깐의 쉴 시간을 주고, 나는 내 생각을 정리할 수 있는 기회가 되었으니까 말이다. 글쓰기도 잘 안 되는 날이면, 일부러 교실에서 학생들과 농담을 하고 장난을 쳤다. 학생들이 심각한 표정으로 찌들어서 공부하는 모습보다, 유쾌하고 재미있게 지내는 밝은 모습을 보고 싶어서였다. 밤늦게까지 남아 공부하는 학생들에게, 어른이고 교사인 나는 정말이지 부끄럽고 미안했다. 그래서 한편으론 마음 한 편이 무겁다. 이 책을 통해 학교 공부 대신 원하는 것을 선택하는 방법을 전달하려 애썼지만, 전달되지 않은 것이 더 많을지도 몰라서다. 부족한 부분이 있다면 어떠한 방법으로든 천천히 채워나가고 싶다.

당신이 한없이 자유롭기를, 진심으로 응원한다.

도움주신 분들께

무엇이든 처음이 어려운 법이다. 그래도 일단 해보자는 생각으로 무턱대고 시작했다. 삶은 어차피 도전의 연속이니까. 책 쓰기 과정을 처음부터 끝까지 도와주신 〈김병완 칼리지〉의 김병완 작가님, 김영익 실장님, 그리고 스텝분들께 진심으로 감사드린다.

책이 나오길 기다려주신 국어과 선배님들과 전남국어교사모임 동기들에게도 진심으로 감사하다.

아울러 첫 책임에도 불구하고 믿고서 출간 계약을 해주시고, 원고가 늦어져도 독촉 한 번 안 하시며 기다려주신 이종근 대표님께도 감사드리고 싶다.

마지막으로 이 책을 읽어주신 모든 독자분들께 감사드린다.

2019년 5월 1일에
진심으로 감사의 마음을 담아
이형준